AF289992

VORWORT

GERD STEINKOENIG, ANNWEILER AM TRIFELS, GERMANY

BUCHAUTOR, TV-PRODUZENT, FOTOGRAF

HALLO LEUTE, EIN BISSCHEN GEKRITZEL, WAS SOWIESO EGAL IST. KEINER LIEST (außer womöglich Stefan R) - MEIN RUNNING GAG, VON WEGEN IHR LEST... Mmmh, Grammatik... Liest? Lest?

Vor 9 Jahren im Februar 2013.... Da hatte ich noch über 600 Vinyl-LPs... Jetzt nicht mehr seit Dezember 2017, hab nur noch ca 30 Vinyl-LPs... Das war 2013 von facebook mit meiner damaligen fb-Mentorin Caro La... Und nun ca 600 CDs (wo ich noch diverse Alben vermisse im Moment, weil es bei LP war und noch nicht CD ist...). 1992 hatte ich (mein Sammlerhöhepunkt) über 1100 Tonträger (LPs, CDs, MCs)

Caro

oh ja, von Led Zep habe ich leider keine Vinyl, aber ich könnte da noch die Fireball von Deep Purple, Teaser and the Firecats von Cat Stevens, Chronicles Vol.1 von CCR, Darkside of the Moon, Meddle, Wish You Where Here und The Wall von Pink Floyd dazu legen, ferner sind noch andere vorhanden, z.B. Queen, Jimi Hendrix, Melanie und Grönemeyer

.

2

Gefällt mir

Übersetzung anzeigen

9 J.

Aktiv

Gerd Steinkoenig

Schön aufheben und pflegen, es ist VINYL!!! Hab außerdem auch die Dark Side Of The Moon, plus Animals, Fire And Water/Free, Alan Parsons Projekt, Supertramp, BAP, Udo Lindenberg, Yes, Manfred Mann´s Earthband, T. Rex, Madonna, Prince, Frank Zappa, AC/DC and many more.... Ach ja, Grönemeyer hab ich auch

Gefällt mir

9 J.

Caro

klar, T.Rex - Electric Warrior habe ich auch in Vinyl, meine nächste Anschaffung wird ein Plattenspieler sein!!!

1

Gefällt mir

9 J.

Ka St

hab sogar zwei, einen noch auf ner alten anlage und einen den wir vor zwei jahren meiner mutter gekauft hatten für ihre platten, jetzt kommt sie leider nicht mehr damit zurecht....

Gefällt mir

9 J.

Liebe Kinder, das sind alle über 60jährigen Menschen in facebook.... Und Ihr habt keine Ahnung... Hää?? Was ist ein BAP?? Ist AC/DC ein Stromkabel?? Ihr Kinder macht nur noch Wegwerfware Musik durch Streaming und Singles... Bald gibt es keine Alben mehr....

Gekritzel mit facebook wegen Putin:

Egal, ob Wargame Ukraine vs Russia ist oder nicht! Wir haben sowieso bald WW III... Warum? Durch die Sturheit, Schwarz/Weiß-Meinungen, Covid19 ja oder nein, China ja oder nein, Trump2024-Jünger oder Putin-Jünger, Woke gegen Political uncorrectness, Nazis vs Linke etc etc. Man kann nicht mehr diskutieren, durch Verbohrtheit, Verschwörungen, westliche Dekadenz, Schwarmdummheit etc... Die Geschichte wiederholt sich!

Der Untergang des Westens ist die Schwarmdummheit durch Verschwörer, Putin-Jünger, Trump2024-Jünger, Rechtsextremisten, Linksextremisten! Durch oberflächliche Dekadenz! Ich lache nur noch über diese westlichen Political Correctness-Idioten.

Und mal wieder Covid:

Mein Betreuerkumpel hat Covid19! Nur 1 Woche (Quarantäne)! Aaaaber: 3 x geimpft... Ich bin auch 3 x geimpft und ich muss jetzt immer noch schützen? So langsam scheiß ich auf die Impferei...

Im COVID-19-Informationszentrum findest du Infos und Ressourcen zu Impfungen.

Infos zu Impfungen

8Du, Zhivek , Ve und 5 weitere Personen

2 Kommentare

Wow

Wow

Kommentieren

Teilen

2 Kommentare

Sa Me

Das weiß doch mittlerweile jeder, das die Impfung nicht gegen Absteckung hilft , sondern im besten Fall nur einen schweren Verlauf verhindert

Gefällt mir

Antworten

2 Tage

Aktiv

Gerd Steinkoenig

 mir geht es gut, keine Nebenwirkungen etc. Aber Ihr..... Ich sag lieber nichts...

Nicht nur tätärä, sobdern sehr tolle social networks-Dialoge: Lutz Van Der Horst (z.B. heute-show) hat mir geantwortet (Twitter), Frank Laufenberg (SWF3-Pop Shop-Legende) und ich hatten ein paarmal diskutiert und dann noch meine Russin (wisst Ihr noch?). Mit Zhivek bin ich "mitten im Krieg": sie hat seit gestern von Russland (Putin? Geheimdienst?) keine Meldungen mehr, facebook gekappt!!!!! Bei Instagram hat sie gestern schnell kurz das geschrieben: dann einfach gekappt...

LIEBE GRÜSSE, IHR GEHETZTEN LIEBEN!! ACH JA, IHR LEST EH NICHT (außer womöglich Stefan R)...

GERD STEINKOENIG, ANNWEILER AM TRIFELS, GERMANY

BUCHAUTOR, TV-PRODUZENT, FOTOGRAF

Jedesmal... Wieder vergessen...

Zhivek ist immer noch mein fb-Freund! Sie ist von Russland einfach seit gestern von gb weggekappt!!

SWF 3-Legende Frank Laufenberg ist auch mein fb-Freund.

Und total vergessen: mit meinen Fotografien (Landschaft, besonders Annweiler) hab ich gute Querverbindungen mit #unserannweiler oder #dergrueneelefant etc mit Instagram - und dadurch mit den Fotos auch Tik Tok, fb, Twitter... Bin da voll involviert!

Das Vinyl-Foto vom 1. 27.02.-e-mail war auch von vor 9 Jahren...

Und von hier noch 2 Annweiler-Fotos...

Liebe Grüße, Ihr Nichtleser (außer womöglich Stefan R)

HAUPTBUCH

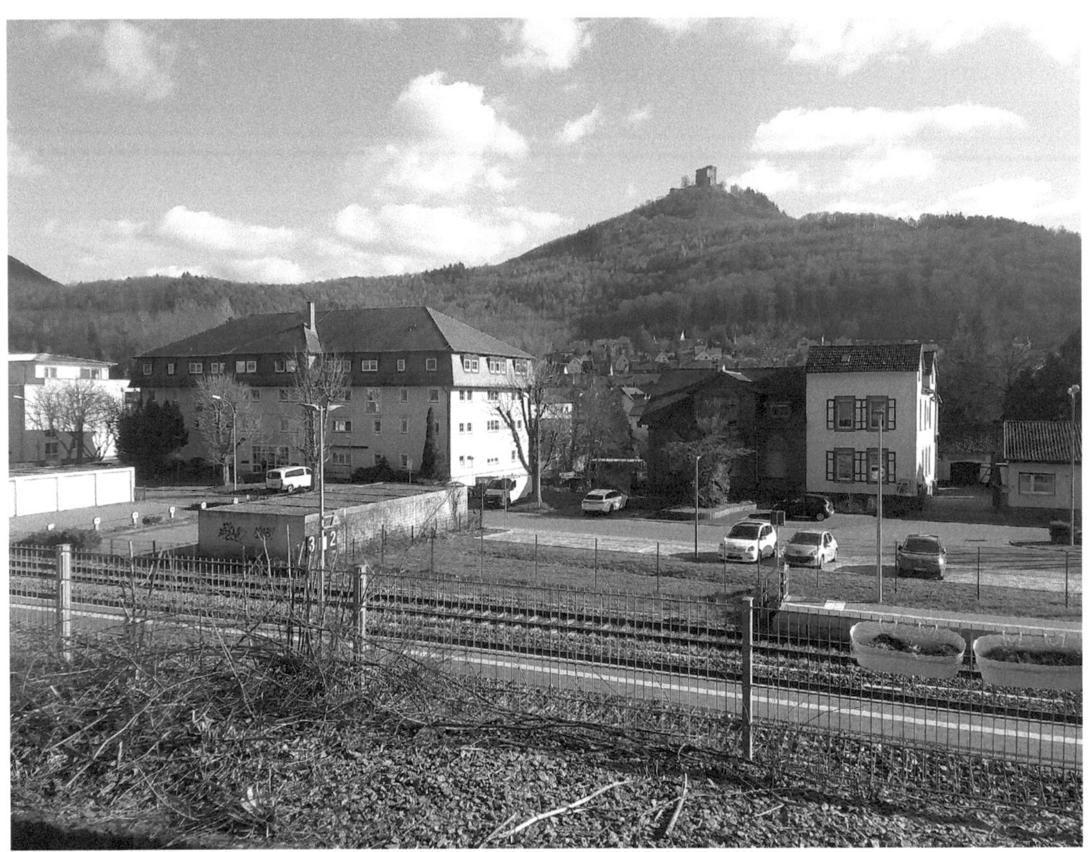

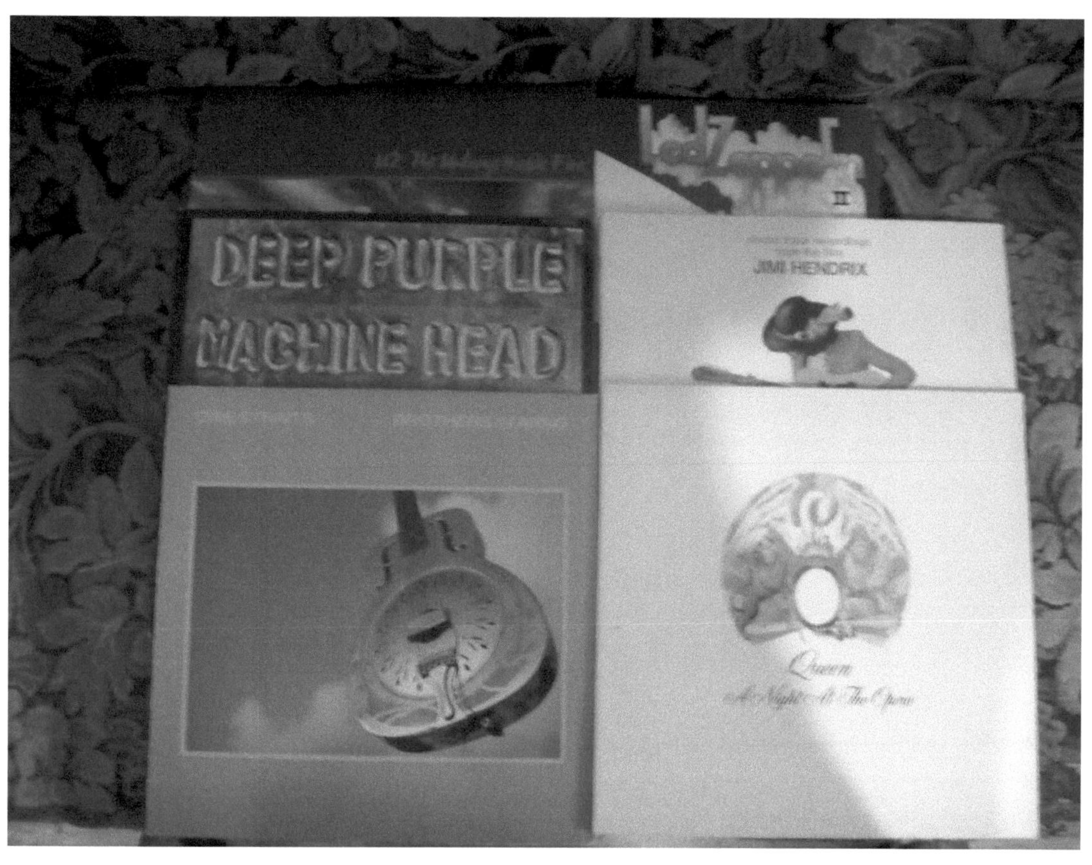

DEEP PURPLE
MACHINE HEAD
JIMI HENDRIX
Queen
A Night At The Opera

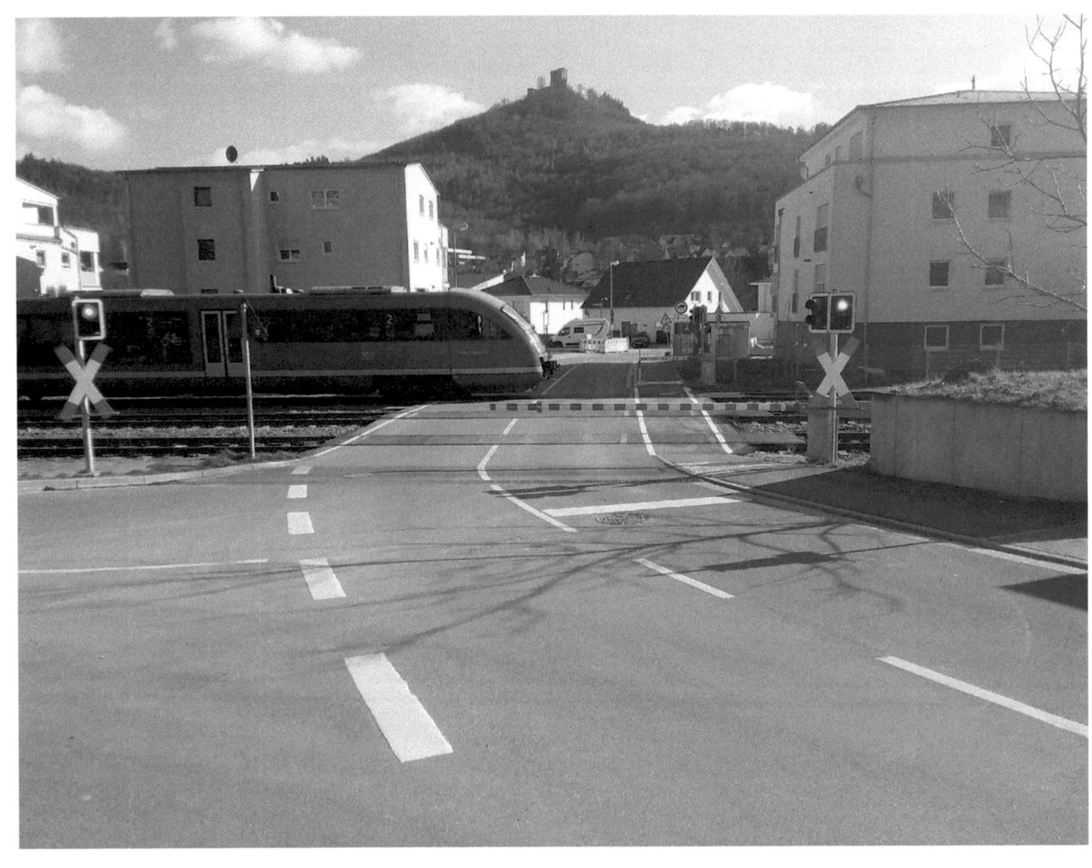

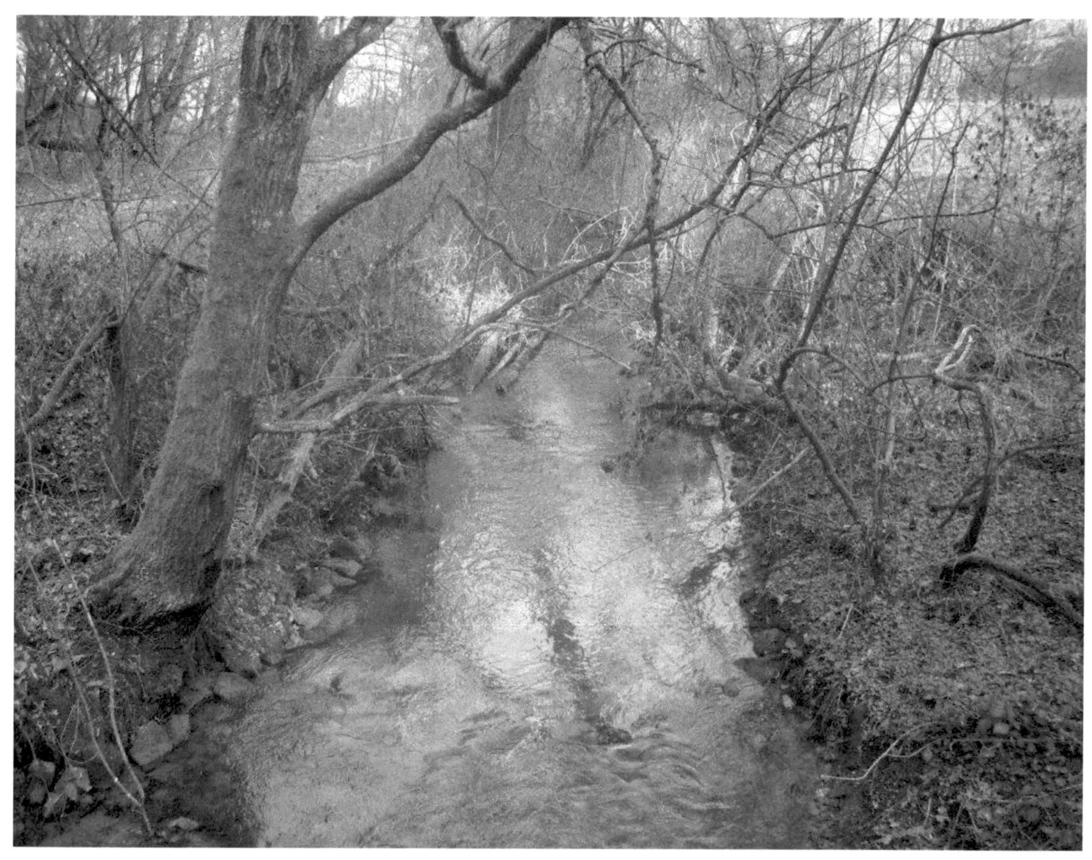

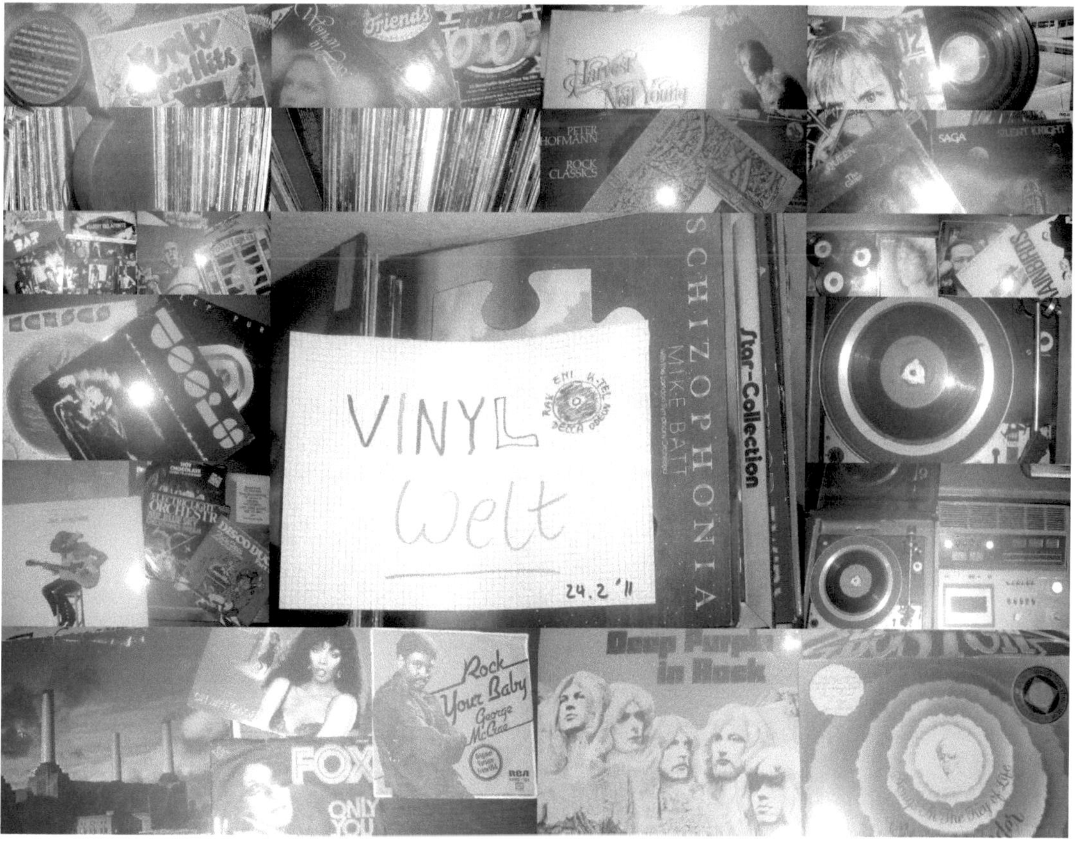
VINYL
Welt
24.2 '11
SCHIZOPHONIA
MIKE BATT
Star-Collection
Harvest
Neil Young
ROCK
CLASSICS
SAGA
SILENT KNIGHT
Rock
Your Baby
George McCrae
FOX
Deep Purple
in Rock

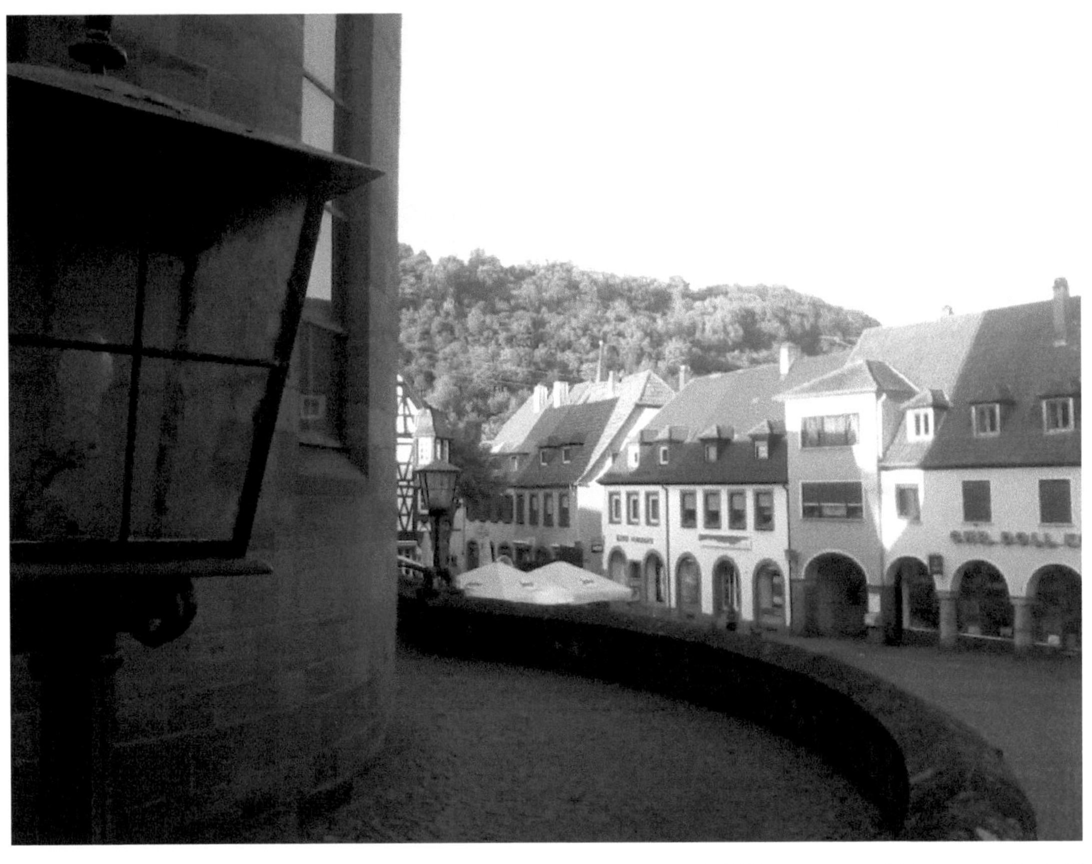

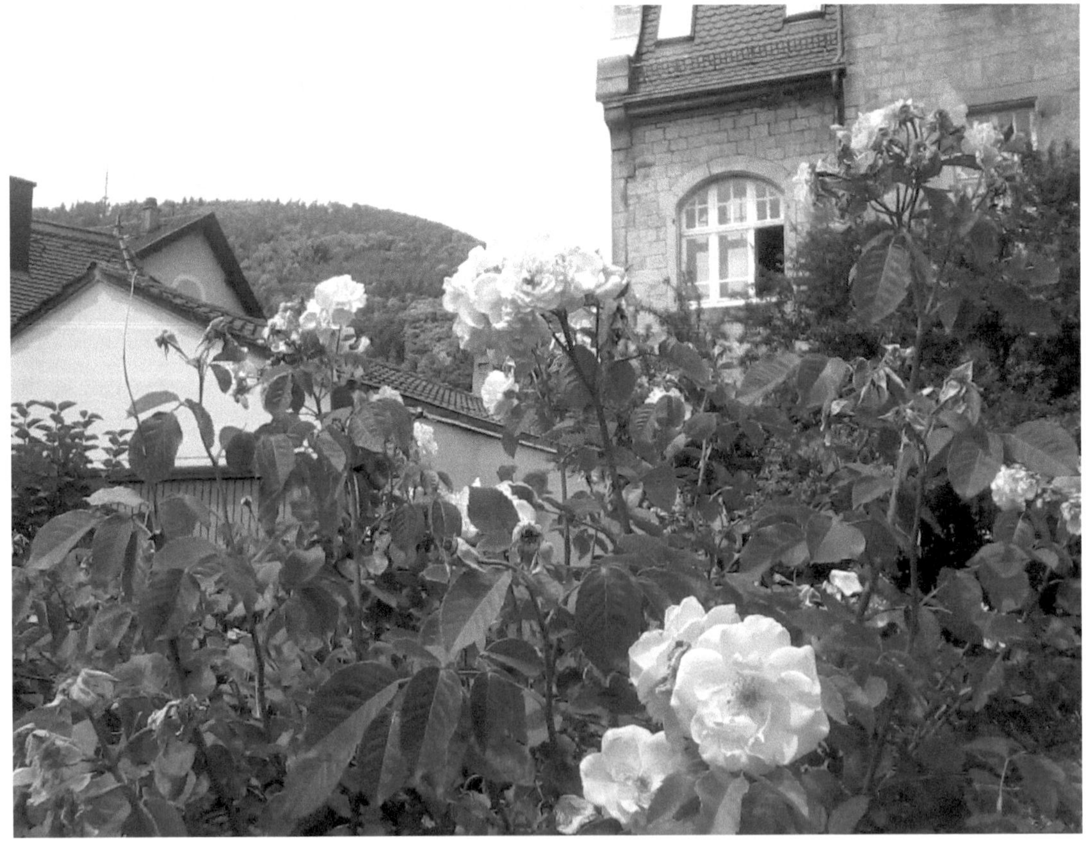

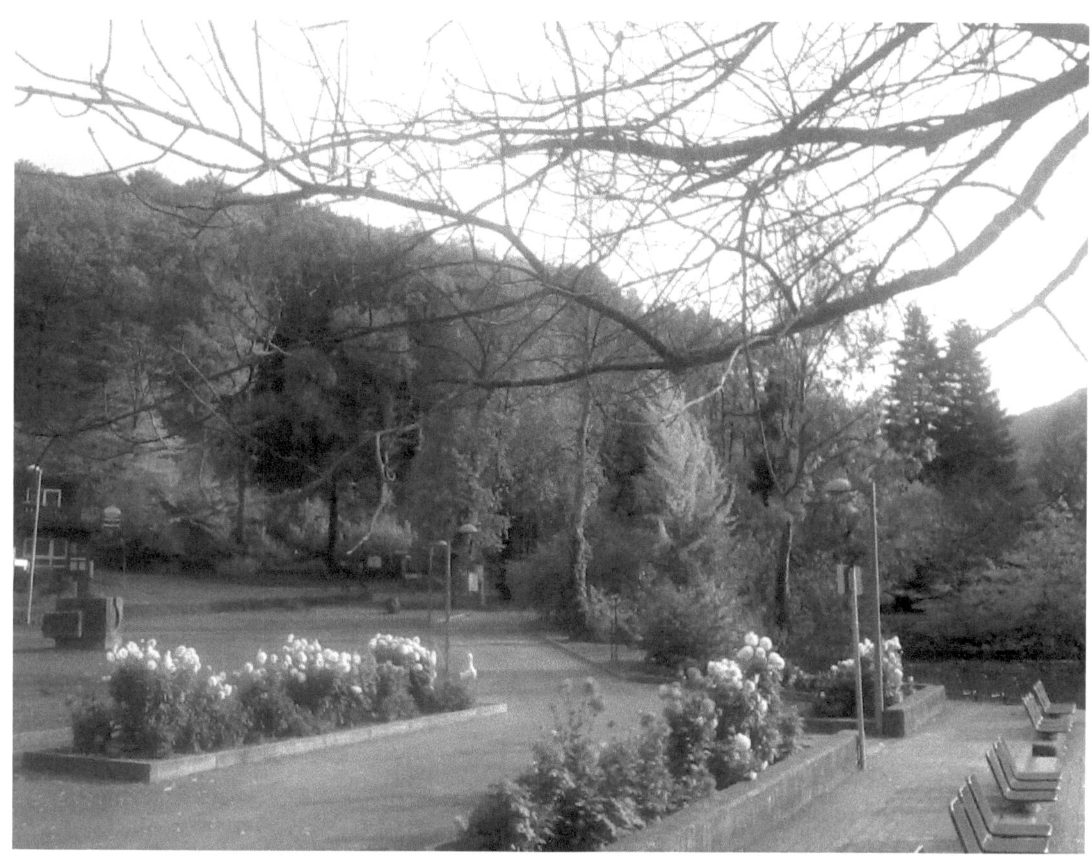

Meine Fotos mit vielen Zeiten... Inkl. Fotos vom "Vorwort-e-mail" und Vinyl-Welt von 2011 oder Annweiler von 2015 etc...

Vinyl-Welt hatte ich auf dem Titelbild aus einem 2017er-Buch von mir - aber rects und links war es nicht ganz komplett... Jetzt schon...

Das Zug-Foto war echt geil (Februar 2022). War aber sehr geil durch Tik Tok... Da waren paralell Zug-Geräusche... War cool...

Das Wasser-Foto ist von Kaiserslautern-Hagelgrund von 2012...

------

facebook, Putin_Krieg etc:

Kommentieren …

Gerd Steinkoenig
2 Std. ·

isses!!

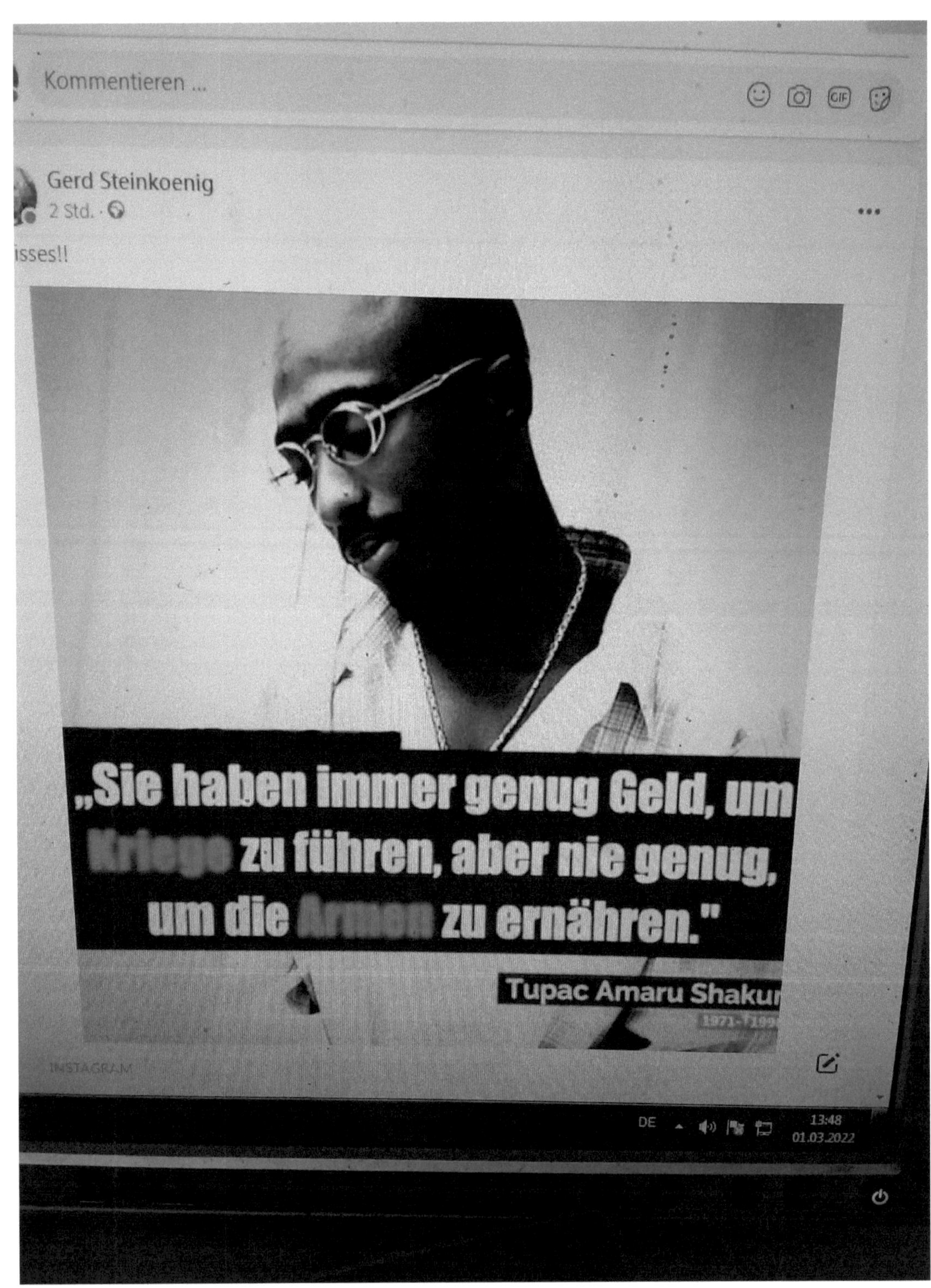
„Sie haben immer genug Geld, um
Kriege zu führen, aber nie genug,
um die Armen zu ernähren."

Tupac Amaru Shakur
1971 - 1996

INSTAGRAM

DE   13:48
01.03.2022

Hallo Leute! Macht keine Panik wegen BILD, passiert nix mit Atombomben, ist nur Putin als schreiendes Kind! Ukraine kämpft, NATO, Sanktionen... Und Putin geht in den Bunker... Also, gemaaach.... Macht Eure innere Ruhe und virtuell umarme ich Euch!

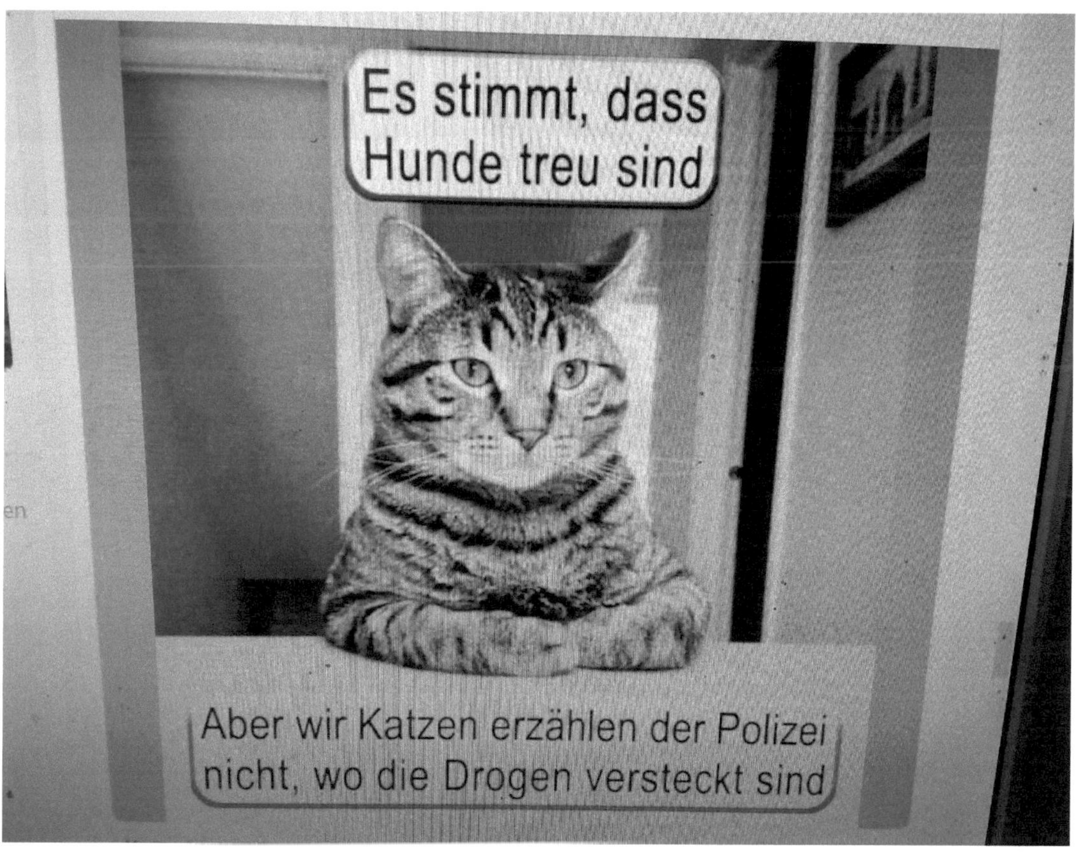

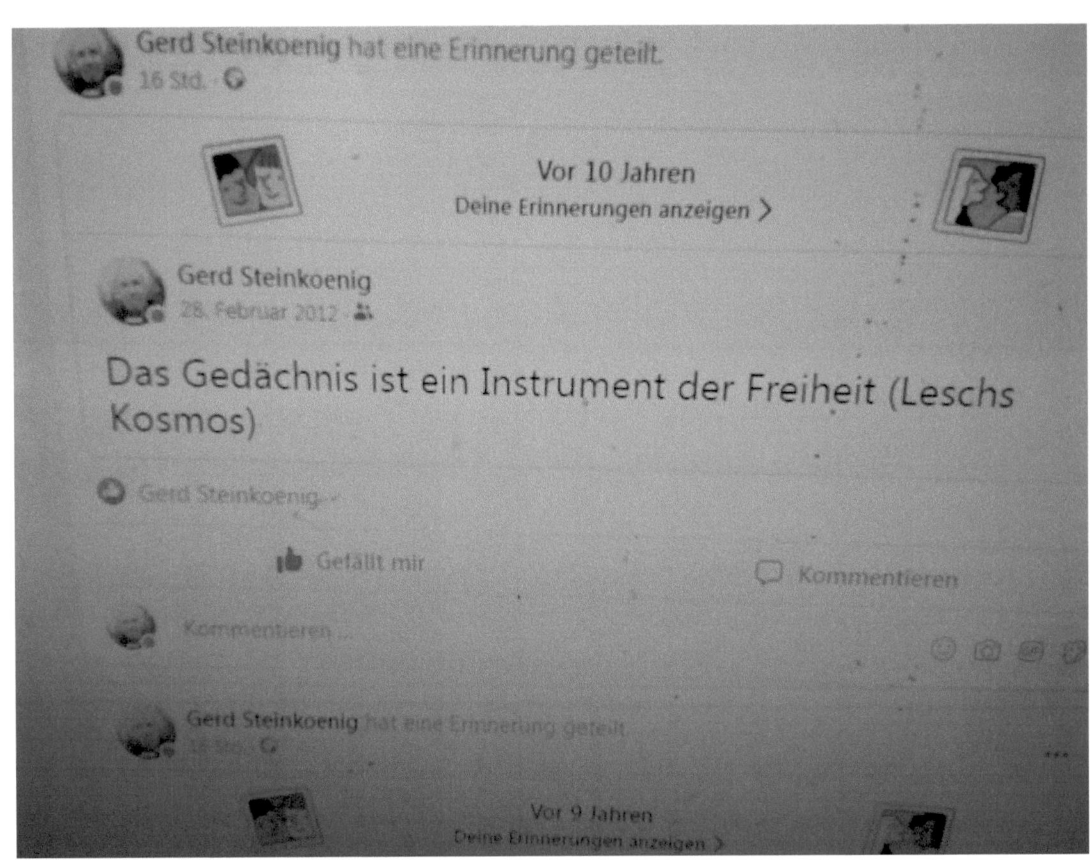

BUCHVERZEICHNIS 2017 BIS 2022

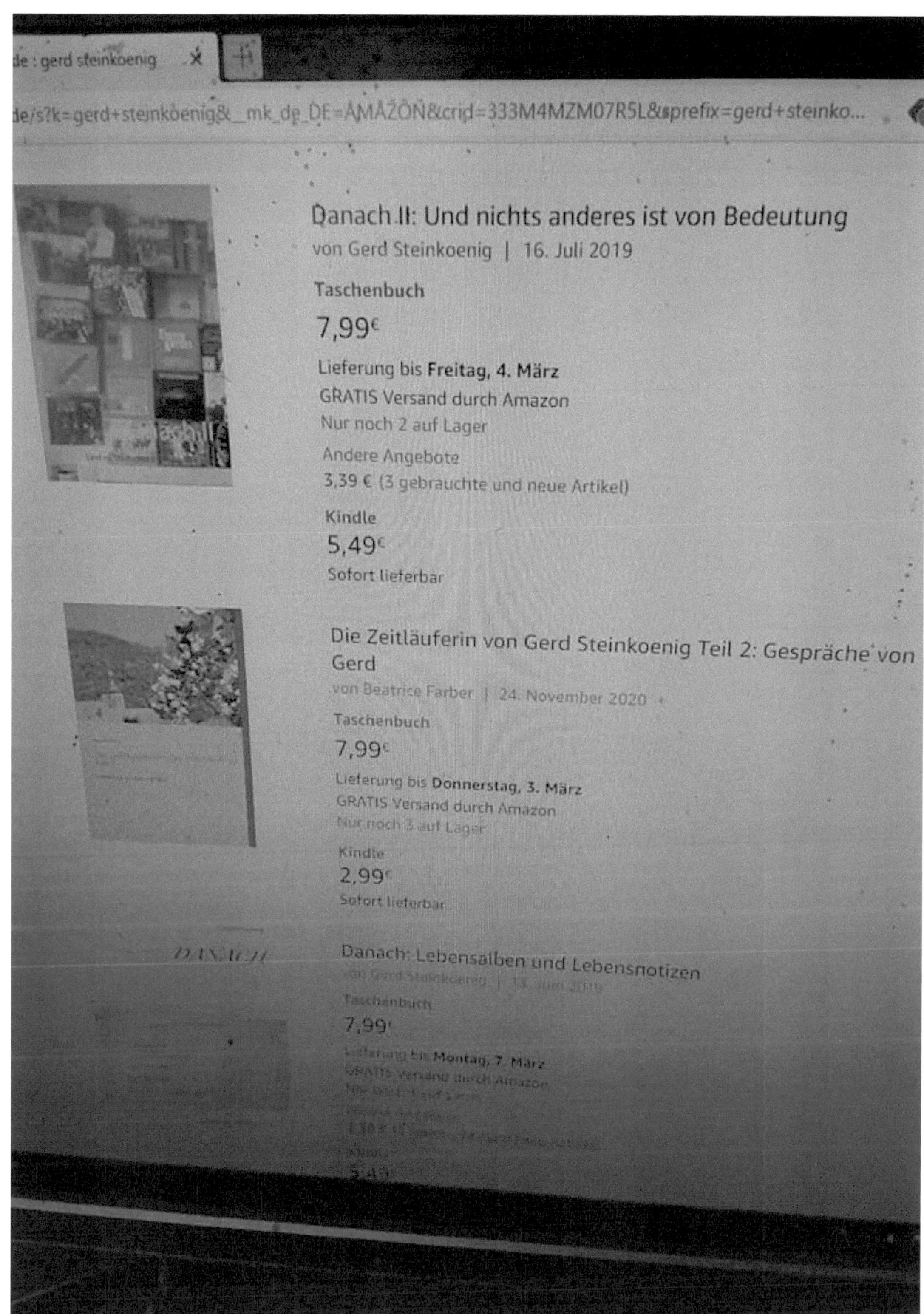

de : gerd steinkoenig   X

de/s?k=gerd+steinkoenig&__mk_de_DE=AMAZON&crid=333M4MZM07R5L&sprefix=gerd+steinko...

Danach II: Und nichts anderes ist von Bedeutung
von Gerd Steinkoenig | 16. Juli 2019

Taschenbuch

7,99€

Lieferung bis Freitag, 4. März
GRATIS Versand durch Amazon
Nur noch 2 auf Lager
Andere Angebote
3,39 € (3 gebrauchte und neue Artikel)

Kindle

5,49€

Sofort lieferbar

Die Zeitläuferin von Gerd Steinkoenig Teil 2: Gespräche von
Gerd
von Beatrice Farber | 24. November 2020

Taschenbuch

7,99€

Lieferung bis Donnerstag, 3. März
GRATIS Versand durch Amazon
Nur noch 3 auf Lager

Kindle

2,99€

Sofort lieferbar

Danach: Lebensalben und Lebensnotizen
von Gerd Steinkoenig | 13. Juni 2019

Taschenbuch

7,99€

Lieferung bis Montag, 7. März
GRATIS Versand durch Amazon
Nur noch 1 auf Lager

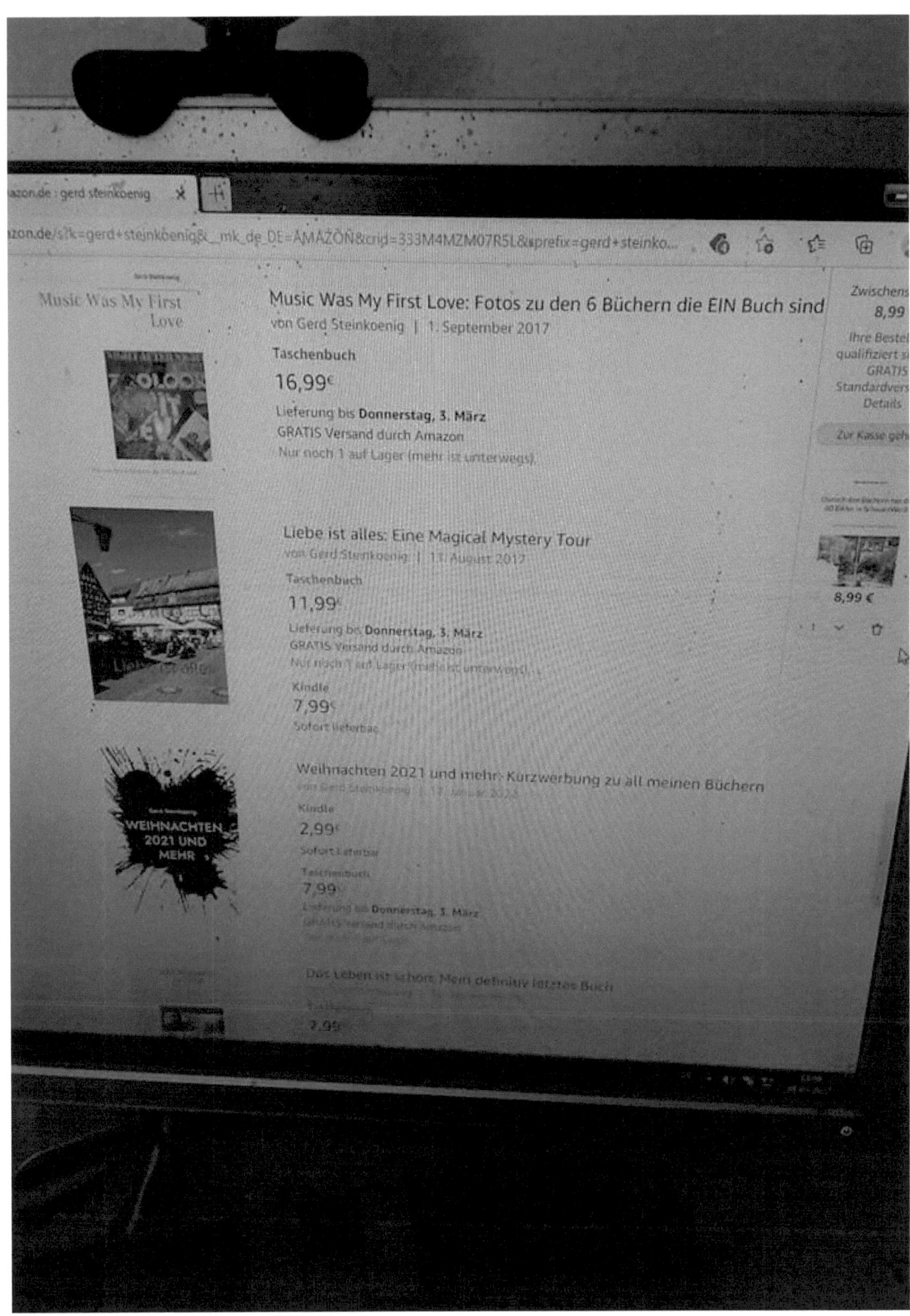
azon.de : gerd steinkoenig
azon.de/s?k=gerd+steinkoenig&__mk_de_DE=AMAZON&crid=333M4MZM07R5L&sprefix=gerd+steinko...
Music Was My First Love
Music Was My First Love: Fotos zu den 6 Büchern die EIN Buch sind
von Gerd Steinkoenig | 1. September 2017
Taschenbuch
16,99€
Lieferung bis Donnerstag, 3. März
GRATIS Versand durch Amazon
Nur noch 1 auf Lager (mehr ist unterwegs).
Liebe ist alles: Eine Magical Mystery Tour
von Gerd Steinkoenig | 11. August 2012
Taschenbuch
11,99€
Lieferung bis Donnerstag, 3. März
GRATIS Versand durch Amazon
Nur noch 1 auf Lager (mehr ist unterwegs).
Kindle
7,99€
Sofort lieferbar
WEIHNACHTEN 2021 UND MEHR
Weihnachten 2021 und mehr: Kurzwerbung zu all meinen Büchern
von Gerd Steinkoenig |
Kindle
2,99€
Sofort lieferbar
Taschenbuch
7,99€
Lieferung bis Donnerstag, 3. März
GRATIS Versand durch Amazon
Das Leben ist schön: Mein definitiv letztes Buch
7,99€
Zwischens
8,99
Ihre Bestel
qualifiziert s
GRATIS
Standardvers
Details
Zur Kasse geh
8,99 €

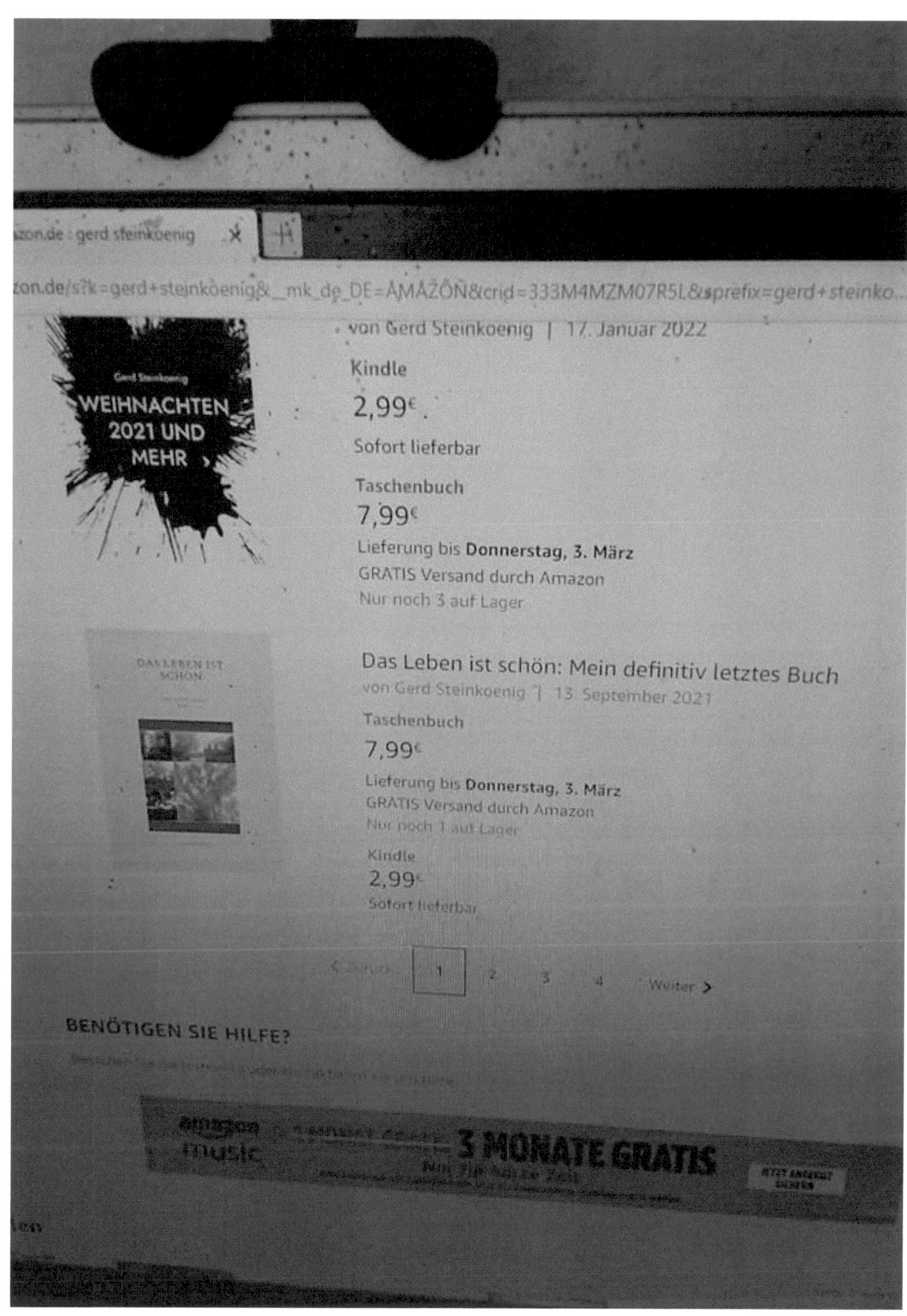
azon.de · gerd steinkoenig
zon.de/s?k=gerd+steinkoenig&__mk_de_DE=AMAZON&crid=333M4MZM07R5L&sprefix=gerd+steinko...
von Gerd Steinkoenig | 17. Januar 2022
Kindle
2,99€
Sofort lieferbar
Taschenbuch
7,99€
Lieferung bis Donnerstag, 3. März
GRATIS Versand durch Amazon
Nur noch 3 auf Lager
WEIHNACHTEN 2021 UND MEHR
Gerd Steinkoenig
Das Leben ist schön: Mein definitiv letztes Buch
von Gerd Steinkoenig | 13. September 2021
Taschenbuch
7,99€
Lieferung bis Donnerstag, 3. März
GRATIS Versand durch Amazon
Nur noch 1 auf Lager
Kindle
2,99€
Sofort lieferbar
DAS LEBEN IST SCHÖN
1   2   3   4   Weiter >
BENÖTIGEN SIE HILFE?
amazon music   3 MONATE GRATIS

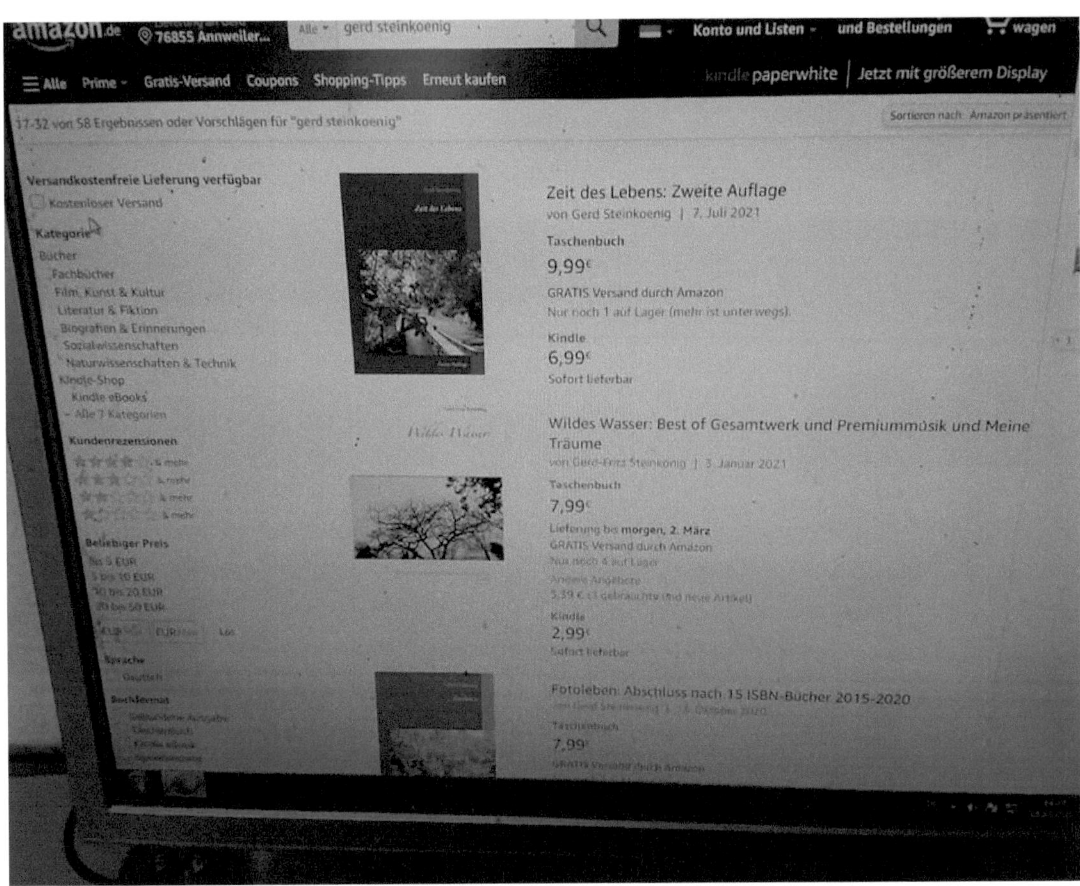

amazon.de 76855 Annweiler... Alle gerd steinkoenig Konto und Listen und Bestellungen wagen
Alle Prime Gratis-Versand Coupons Shopping-Tipps Erneut kaufen kindle paperwhite Jetzt mit größerem Display
17-32 von 58 Ergebnissen oder Vorschlägen für "gerd steinkoenig" Sortieren nach: Amazon präsentiert
Versandkostenfreie Lieferung verfügbar
Kostenloser Versand
Kategorie
Bücher
Fachbücher
Film, Kunst & Kultur
Literatur & Fiktion
Biografien & Erinnerungen
Sozialwissenschaften
Naturwissenschaften & Technik
Kindle-Shop
Kindle eBooks
Alle 7 Kategorien
Kundenrezensionen
& mehr
& mehr
& mehr
& mehr
Beliebiger Preis
bis 5 EUR
5 bis 10 EUR
10 bis 20 EUR
20 bis 50 EUR
EUR EUR Los
Sprache
Deutsch
Buchformat
Gebundene Ausgabe
Taschenbuch
Kindle eBooks
Zeit des Lebens: Zweite Auflage
von Gerd Steinkoenig | 7. Juli 2021
Taschenbuch
9,99€
GRATIS Versand durch Amazon
Nur noch 1 auf Lager (mehr ist unterwegs).
Kindle
6,99€
Sofort lieferbar
Wildes Wasser: Best of Gesamtwerk und Premiummusik und Meine Träume
von Gerd-Fritz Steinkoenig | 3. Januar 2021
Taschenbuch
7,99€
Lieferung bis morgen, 2. März
GRATIS Versand durch Amazon
Nur noch 4 auf Lager
Andere Angebote
5,39 € (1 gebrauchte und neue Artikel)
Kindle
2,99€
Sofort lieferbar
Fotoleben: Abschluss nach 15 ISBN-Bücher 2015-2020
von Gerd Steinkoenig | 13. Oktober 2020
Taschenbuch
7,99€
GRATIS Versand durch Amazon

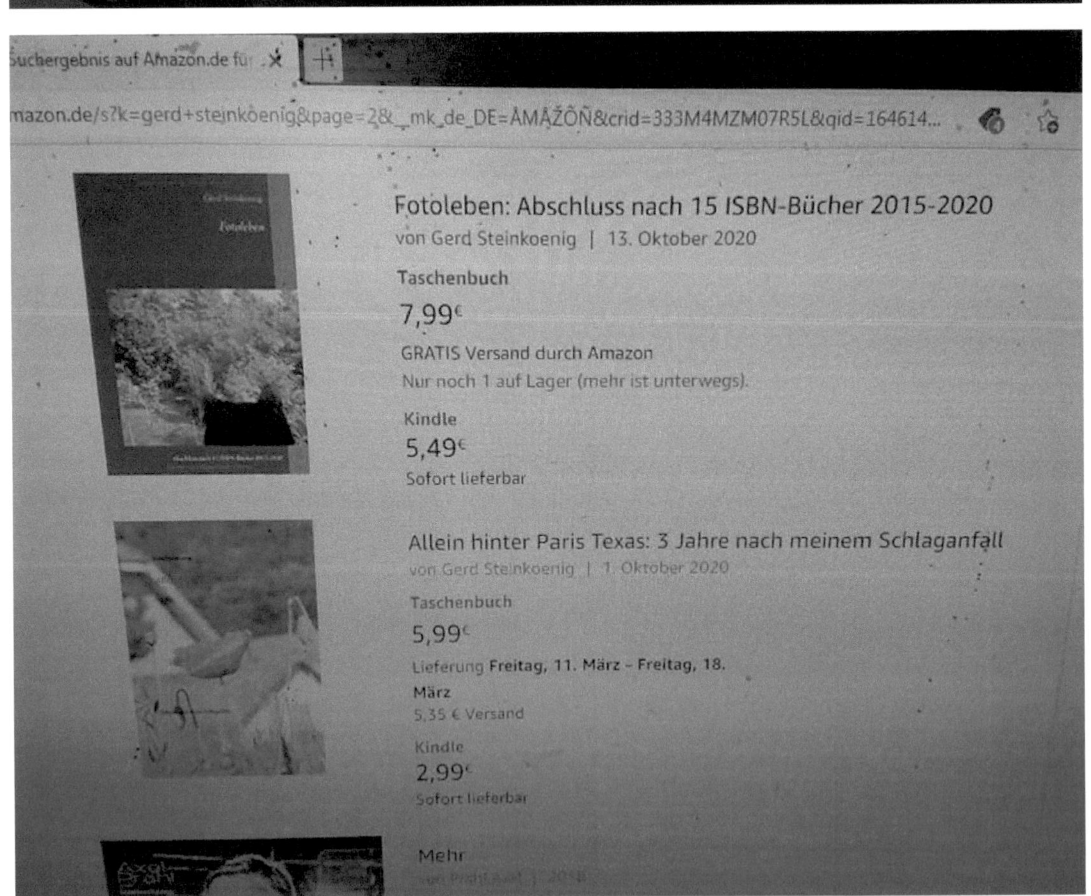

Suchergebnis auf Amazon.de für
amazon.de/s?k=gerd+steinkoenig&page=2&_mk_de_DE=ÅMÅŽÕÑ&crid=333M4MZM07R5L&qid=164614...
Fotoleben: Abschluss nach 15 ISBN-Bücher 2015-2020
von Gerd Steinkoenig | 13. Oktober 2020
Taschenbuch
7,99€
GRATIS Versand durch Amazon
Nur noch 1 auf Lager (mehr ist unterwegs).
Kindle
5,49€
Sofort lieferbar
Allein hinter Paris Texas: 3 Jahre nach meinem Schlaganfall
von Gerd Steinkoenig | 1. Oktober 2020
Taschenbuch
5,99€
Lieferung Freitag, 11. März – Freitag, 18. März
5,35 € Versand
Kindle
2,99€
Sofort lieferbar
Mehr

amazon.de/s?k=gerd+steinkoenig&page=2&_mk_de_DE=ÅMÅŽÔÑ&crid=333M4MZM07R5L&qid=164614...

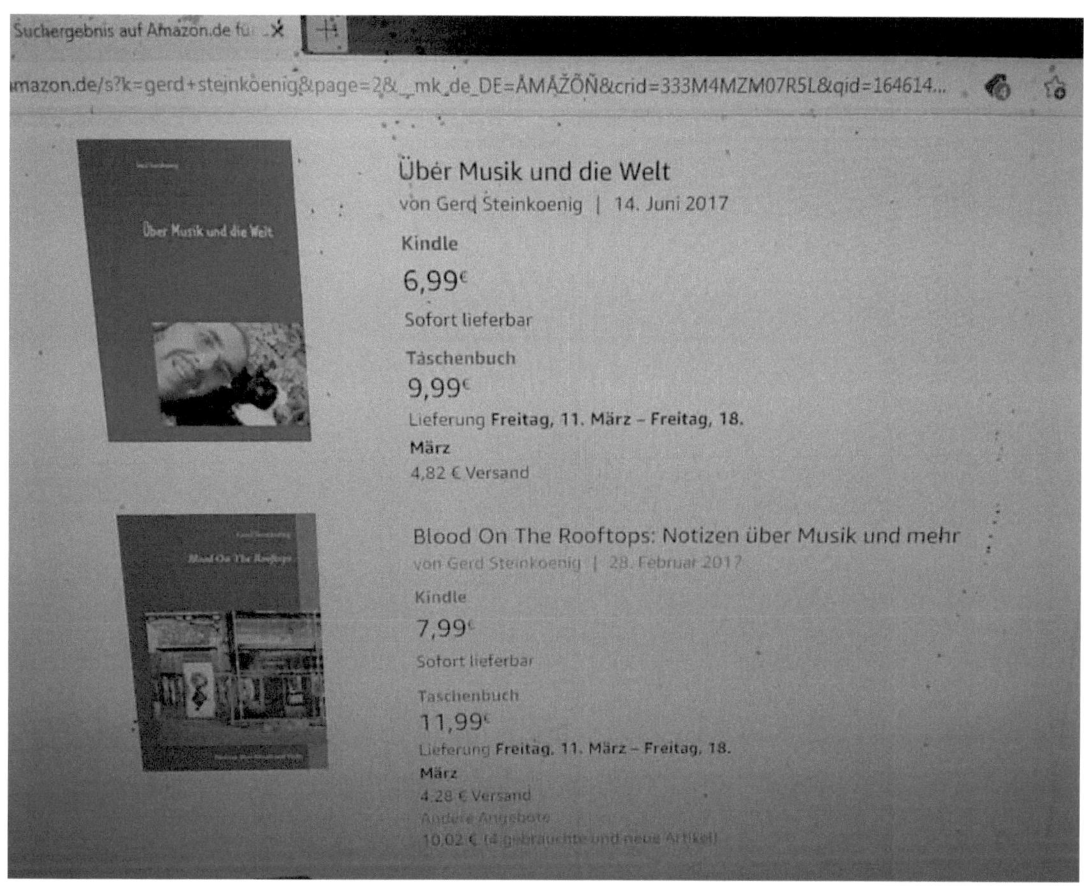

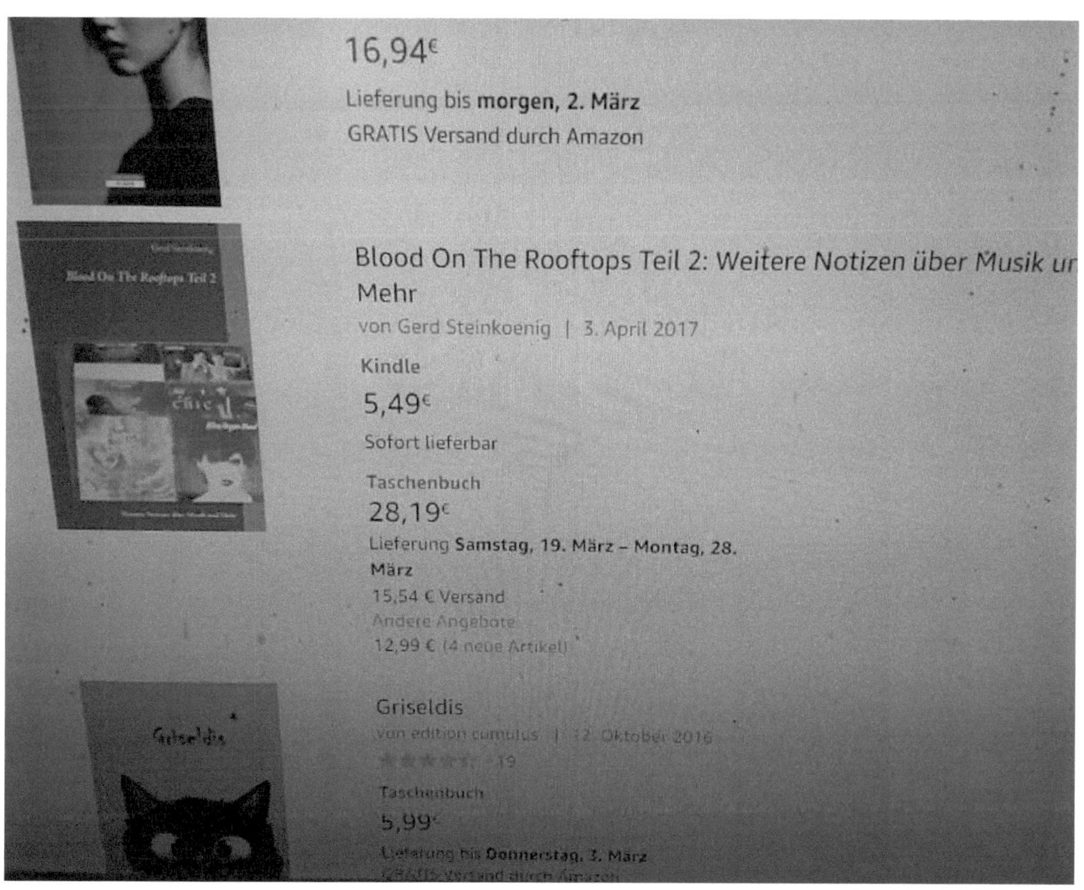

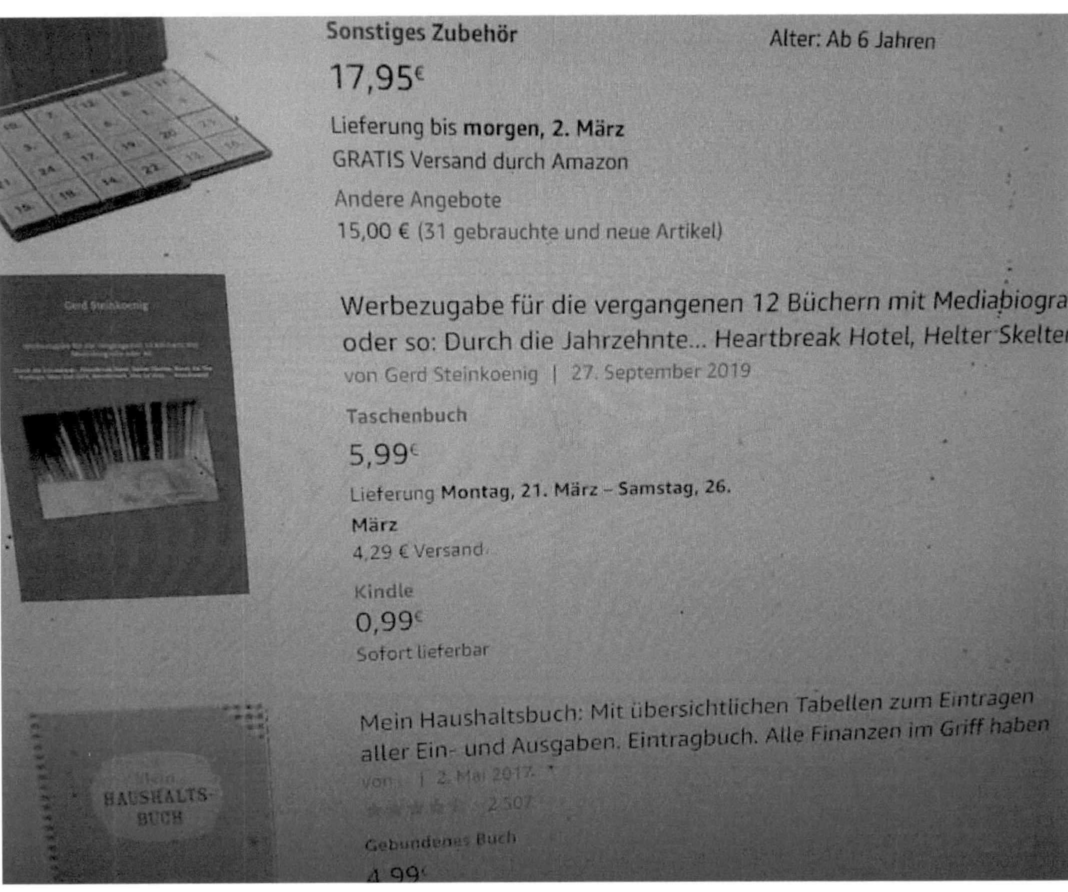

Sonstiges Zubehör   Alter: Ab 6 Jahren

17,95€

Lieferung bis morgen, 2. März
GRATIS Versand durch Amazon
Andere Angebote
15,00 € (31 gebrauchte und neue Artikel)

Werbezugabe für die vergangenen 12 Büchern mit Mediabiogra
oder so: Durch die Jahrzehnte... Heartbreak Hotel, Helter Skelter
von Gerd Steinkoenig | 27. September 2019

Taschenbuch
5,99€
Lieferung Montag, 21. März – Samstag, 26.
März
4,29 € Versand

Kindle
0,99€
Sofort lieferbar

Mein Haushaltsbuch: Mit übersichtlichen Tabellen zum Eintragen
aller Ein- und Ausgaben. Eintragbuch. Alle Finanzen im Griff haben
von | 2. Mai 2017
2.507
Gebundenes Buch
4,99€

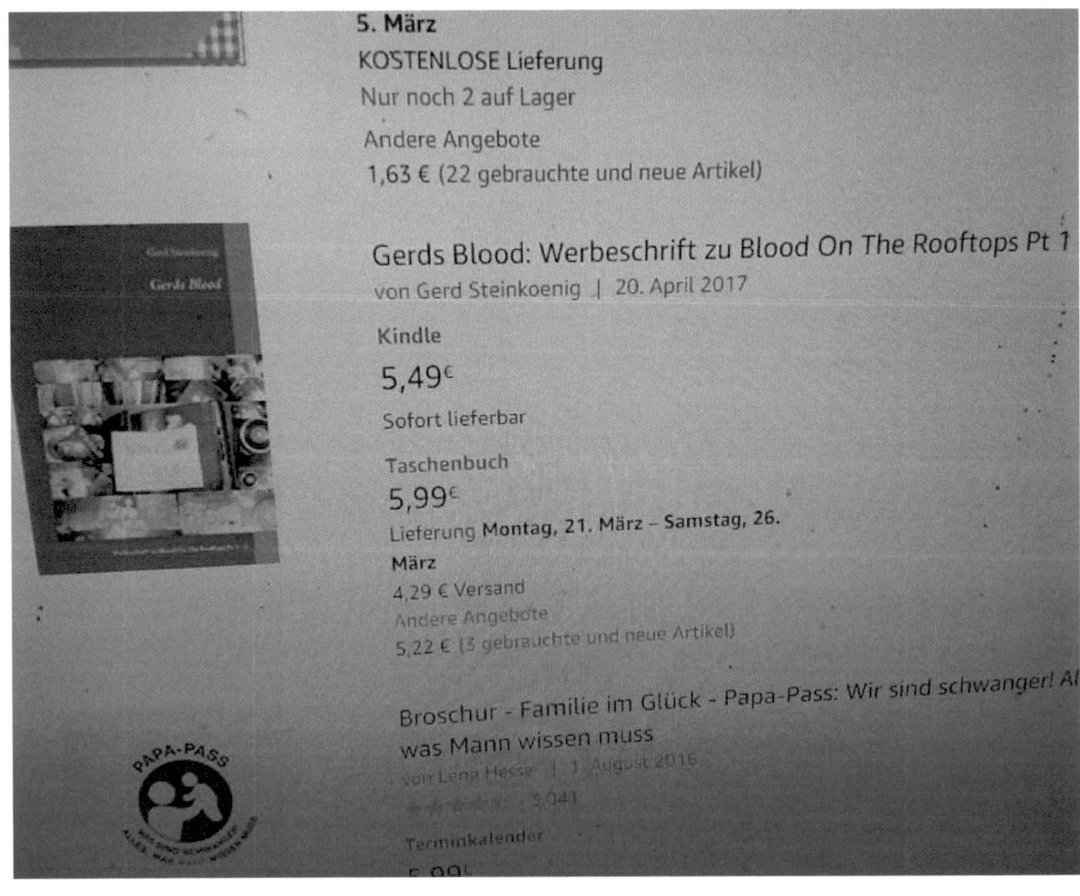

5. März
KOSTENLOSE Lieferung
Nur noch 2 auf Lager
Andere Angebote
1,63 € (22 gebrauchte und neue Artikel)

Gerds Blood: Werbeschrift zu Blood On The Rooftops Pt 1
von Gerd Steinkoenig | 20. April 2017

Kindle
5,49€
Sofort lieferbar

Taschenbuch
5,99€
Lieferung Montag, 21. März – Samstag, 26.
März
4,29 € Versand
Andere Angebote
5,22 € (3 gebrauchte und neue Artikel)

Broschur - Familie im Glück - Papa-Pass: Wir sind schwanger! A
was Mann wissen muss
von Lena Hesse | 1. August 2016
3.041
Terminkalender
5,99€

PAPA-PASS

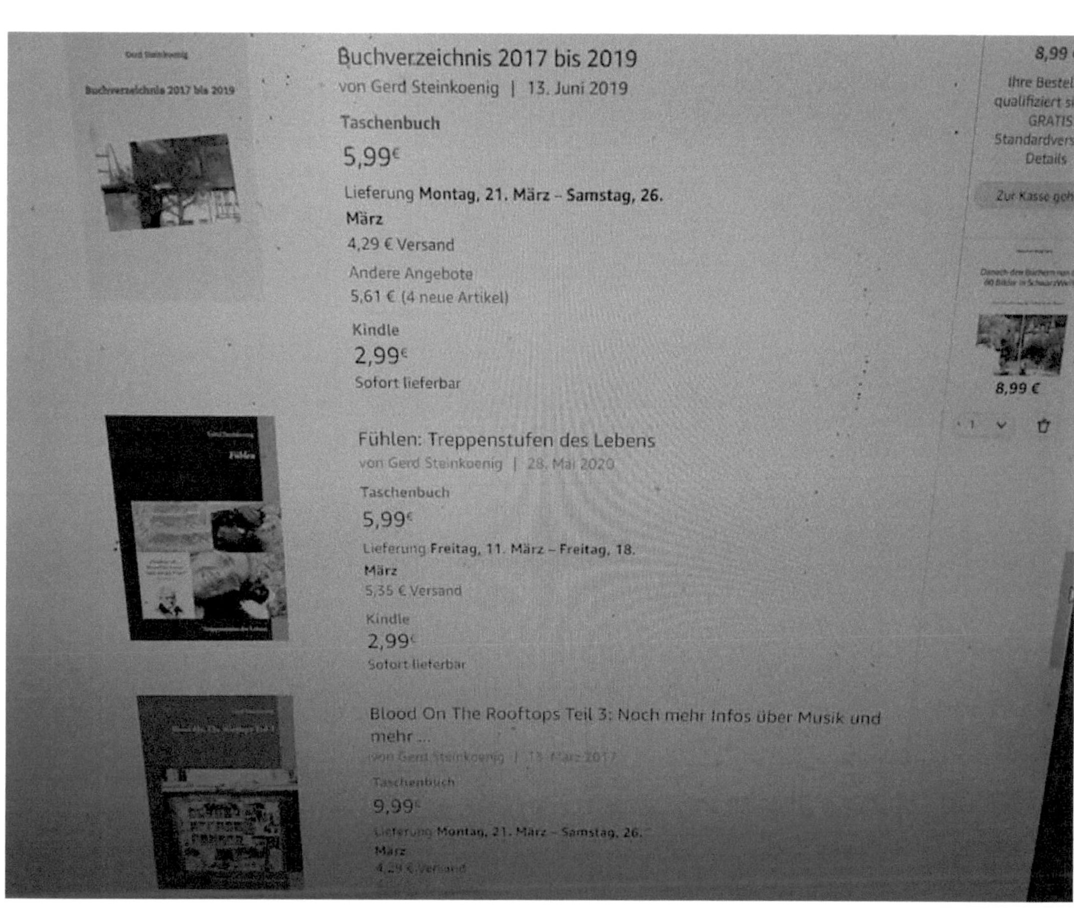
Buchverzeichnis 2017 bis 2019
von Gerd Steinkoenig | 13. Juni 2019
Taschenbuch
5,99€
Lieferung Montag, 21. März – Samstag, 26. März
4,29 € Versand
Andere Angebote
5,61 € (4 neue Artikel)
Kindle
2,99€
Sofort lieferbar
Fühlen: Treppenstufen des Lebens
von Gerd Steinkoenig | 28. Mai 2020
Taschenbuch
5,99€
Lieferung Freitag, 11. März – Freitag, 18. März
5,35 € Versand
Kindle
2,99€
Sofort lieferbar
Blood On The Rooftops Teil 3: Noch mehr Infos über Musik und mehr ...
von Gerd Steinkoenig | 13. März 2017
Taschenbuch
9,99€
Lieferung Montag, 21. März – Samstag, 26. März
4,29 € Versand
8,99 €
Ihre Bestell
qualifiziert si
GRATIS
Standardvers
Details
Zur Kasse geh
8,99 €

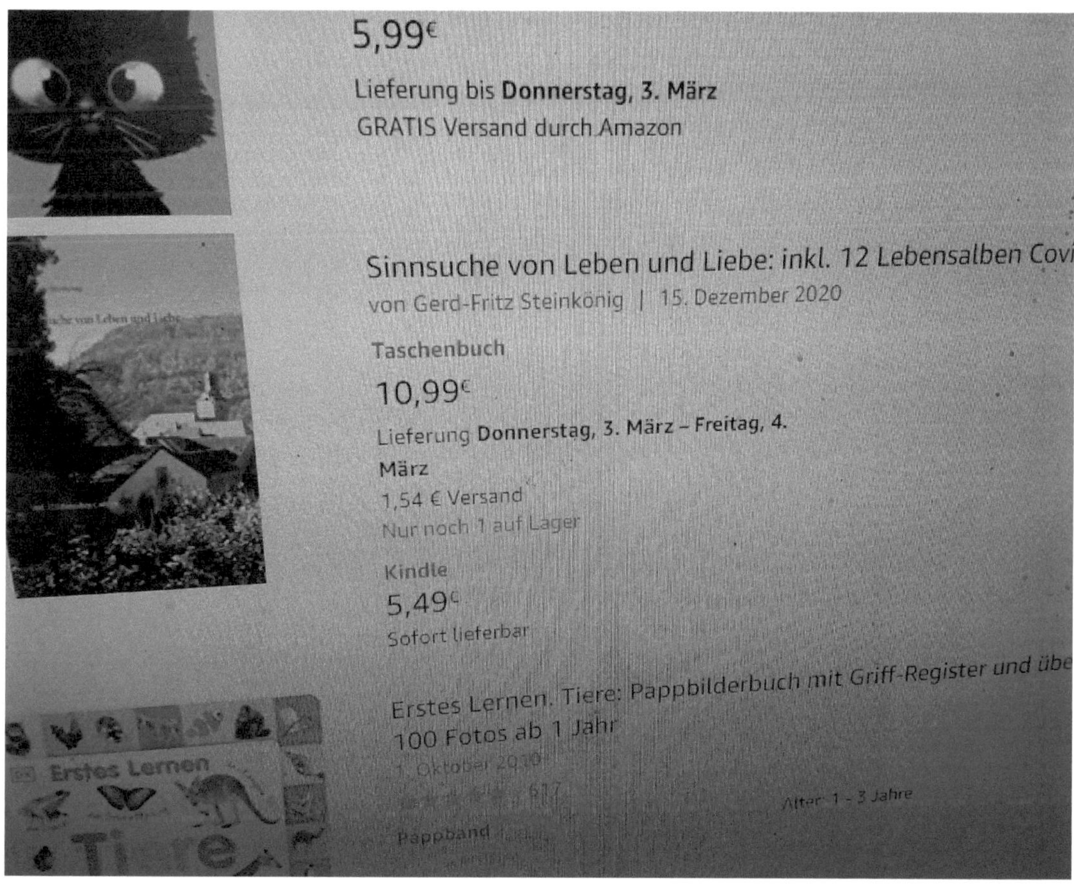
5,99€
Lieferung bis Donnerstag, 3. März
GRATIS Versand durch Amazon
Sinnsuche von Leben und Liebe: inkl. 12 Lebensalben Cov
von Gerd-Fritz Steinkönig | 15. Dezember 2020
Taschenbuch
10,99€
Lieferung Donnerstag, 3. März – Freitag, 4. März
1,54 € Versand
Nur noch 1 auf Lager
Kindle
5,49€
Sofort lieferbar
Erstes Lernen. Tiere: Pappbilderbuch mit Griff-Register und übe
100 Fotos ab 1 Jahr
1. Oktober 2020
Alter 1 - 3 Jahre
Pappband

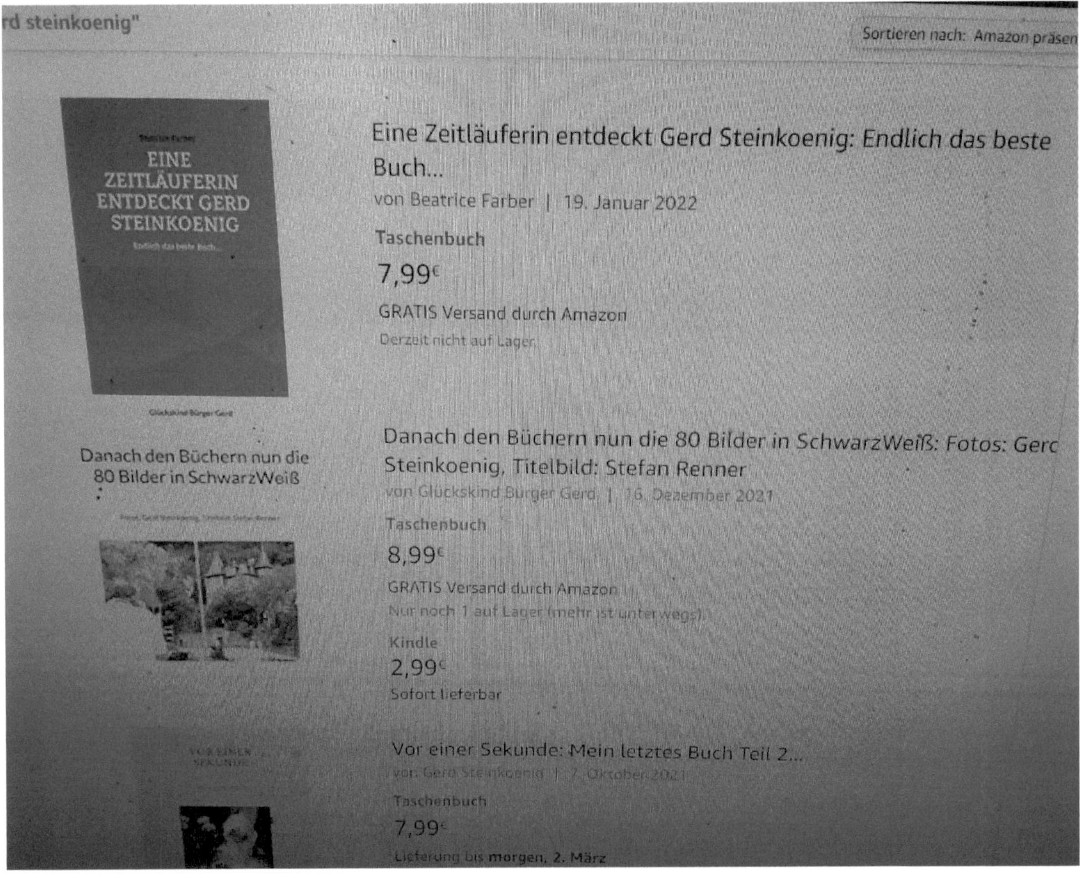
Sortieren nach: Amazon präsen
EINE ZEITLÄUFERIN ENTDECKT GERD STEINKOENIG
Endlich das beste Buch...
Eine Zeitläuferin entdeckt Gerd Steinkoenig: Endlich das beste Buch...
von Beatrice Farber | 19. Januar 2022
Taschenbuch
7,99€
GRATIS Versand durch Amazon
Derzeit nicht auf Lager.
Glückskind Bürger Gerd
Danach den Büchern nun die 80 Bilder in SchwarzWeiß
Danach den Büchern nun die 80 Bilder in SchwarzWeiß: Fotos: Gerd Steinkoenig, Titelbild: Stefan Renner
von Glückskind Bürger Gerd | 16. Dezember 2021
Taschenbuch
8,99€
GRATIS Versand durch Amazon
Nur noch 1 auf Lager (mehr ist unterwegs).
Kindle
2,99€
Sofort lieferbar
VOR EINEN SEKUNDE
Vor einer Sekunde: Mein letztes Buch Teil 2...
von Gerd Steinkoenig | 7. Oktober 2021
Taschenbuch
7,99€
Lieferung bis morgen, 2. März

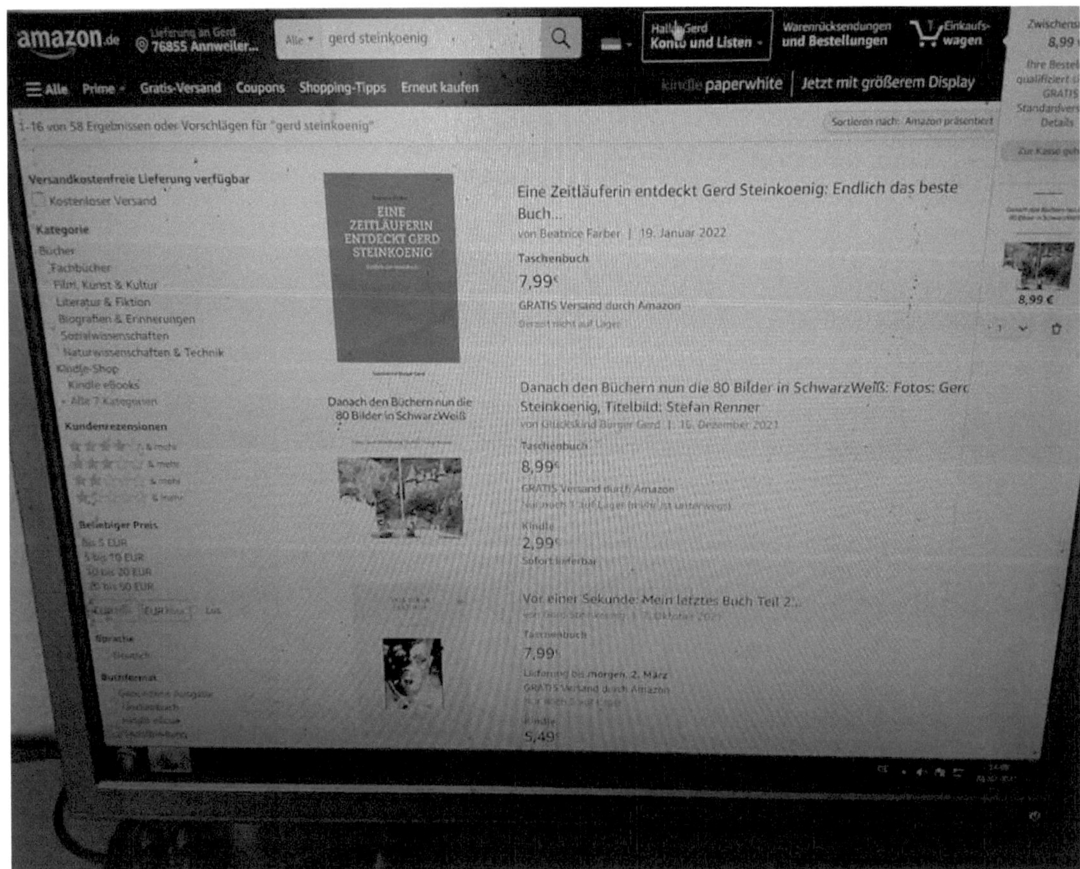
amazon.de
Lieferung an Gerd
76855 Annweiler...
Alle
gerd steinkoenig
Hallo, Gerd
Konto und Listen
Warenrücksendungen und Bestellungen
Einkaufswagen
Zwischen
8,99
Alle   Prime   Gratis-Versand   Coupons   Shopping-Tipps   Erneut kaufen
kindle paperwhite | Jetzt mit größerem Display
Ihre Beste
qualifiziert
GRATIS
Standardver
Details
1-16 von 58 Ergebnissen oder Vorschlägen für "gerd steinkoenig"
Sortieren nach: Amazon präsentiert
Zur Kasse g
Versandkostenfreie Lieferung verfügbar
Kostenloser Versand
Kategorie
Bücher
Fachbücher
Film, Kunst & Kultur
Literatur & Fiktion
Biografien & Erinnerungen
Sozialwissenschaften
Naturwissenschaften & Technik
Kindle-Shop
Kindle eBooks
Alle 7 Kategorien
Kundenrezensionen
& mehr
& mehr
& mehr
& mehr
Beliebiger Preis
bis 5 EUR
5 bis 10 EUR
10 bis 20 EUR
20 bis 50 EUR
EUR   EUR   Los
Sprache
Deutsch
Buchformat
EINE ZEITLÄUFERIN ENTDECKT GERD STEINKOENIG
Danach den Büchern nun die 80 Bilder in SchwarzWeiß
Eine Zeitläuferin entdeckt Gerd Steinkoenig: Endlich das beste Buch...
von Beatrice Farber | 19. Januar 2022
Taschenbuch
7,99€
GRATIS Versand durch Amazon
Derzeit nicht auf Lager.
Danach den Büchern nun die 80 Bilder in SchwarzWeiß: Fotos: Gerd Steinkoenig, Titelbild: Stefan Renner
von Glückskind Bürger Gerd | 16. Dezember 2021
Taschenbuch
8,99€
GRATIS Versand durch Amazon
Nur noch 1 auf Lager (mehr ist unterwegs).
Kindle
2,99€
Sofort lieferbar
Vor einer Sekunde: Mein letztes Buch Teil 2...
von Gerd Steinkoenig | 7. Oktober 2021
Taschenbuch
7,99€
Lieferung bis morgen, 2. März
GRATIS Versand durch Amazon
Kindle
5,49€
8,99 €

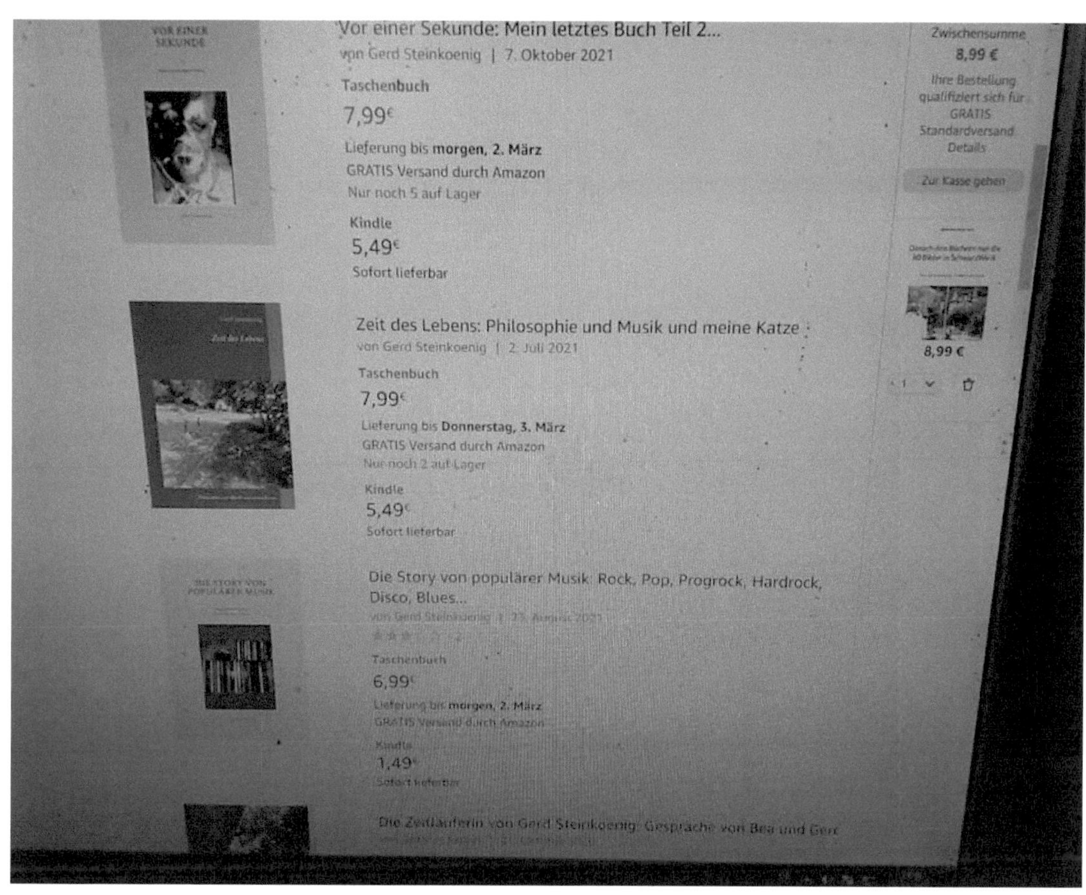
Vor einer Sekunde: Mein letztes Buch Teil 2...
von Gerd Steinkoenig | 7. Oktober 2021
Taschenbuch
7,99€
Lieferung bis morgen, 2. März
GRATIS Versand durch Amazon
Nur noch 5 auf Lager
Kindle
5,49€
Sofort lieferbar
Zeit des Lebens: Philosophie und Musik und meine Katze
von Gerd Steinkoenig | 2. Juli 2021
Taschenbuch
7,99€
Lieferung bis Donnerstag, 3. März
GRATIS Versand durch Amazon
Nur noch 2 auf Lager
Kindle
5,49€
Sofort lieferbar
Die Story von populärer Musik: Rock, Pop, Progrock, Hardrock, Disco, Blues...
von Gerd Steinkoenig | 23. August 2021
Taschenbuch
6,99€
Lieferung bis morgen, 2. März
GRATIS Versand durch Amazon
Kindle
1,49€
Sofort lieferbar
Die Zeitläuferin von Gerd Steinkoenig: Gespräche von Bea und Gerd
Zwischensumme
8,99 €
Ihre Bestellung qualifiziert sich für GRATIS Standardversand
Details
Zur Kasse gehen
8,99 €

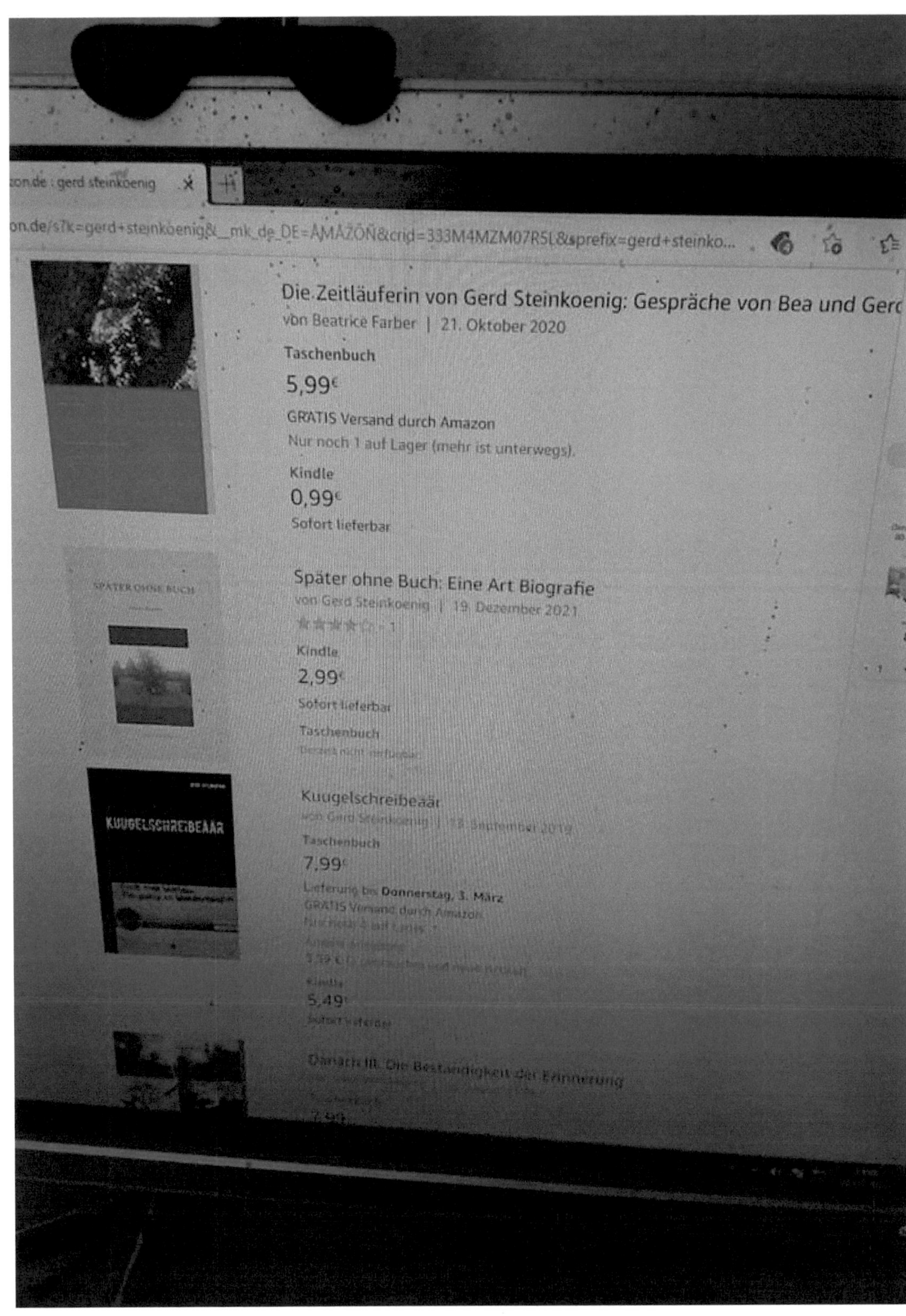

Ein paar Fotos bin ich zwischen drin bei all den Büchern... Warum? Weiß ich nicht! Mein 1. Buch BLOOD ON THE ROOFTOPS ist auch zwischendrin... Wer kauft das dann noch... Mein

letztes Buch EINE ZEITLÄUFERIN ENTDECKT GERD STEINKOENIG ist ganz vorne!! Kauft!
Kauft! lach :-D

POWER-MIX...

----

letztes Buch EINE ZEITLÄUFERIN ENTDECKT GERD STEINKOENIG ist ganz vorne!! Kauft!
Kauft! lach :-D

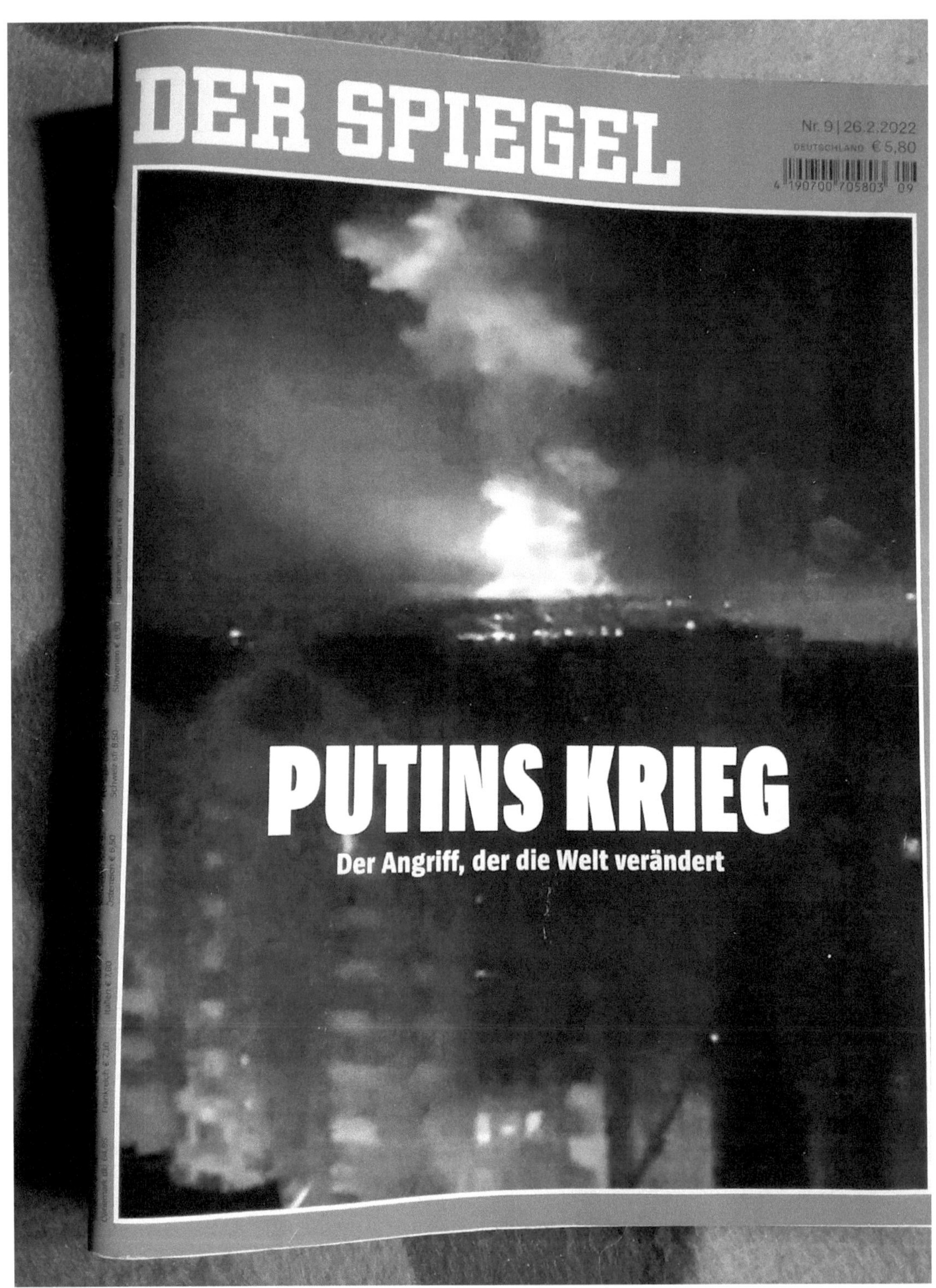

DER SPIEGEL
Nr. 9 | 26.2.2022
DEUTSCHLAND € 5,80
PUTINS KRIEG
Der Angriff, der die Welt verändert

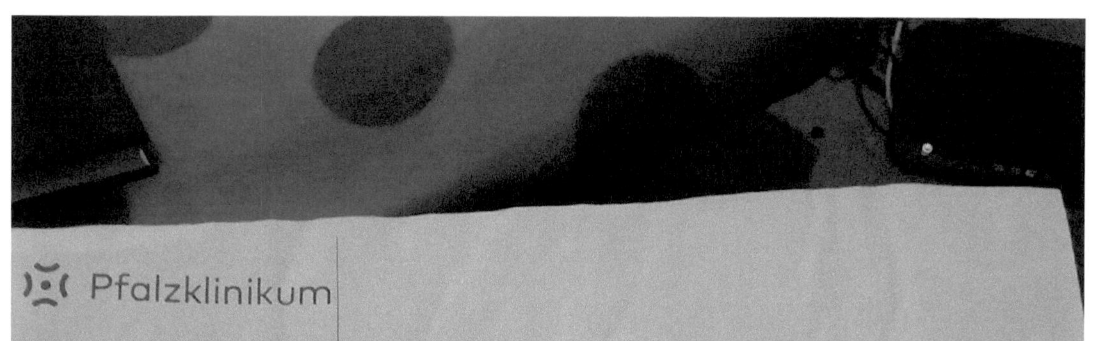

TTE:
Kein Nachweis von Vegetation oder von intracavitären Thromben. Mäßig ballonierendes Vorhofseptum ohne Erfüllung der Kriterien eines Vorhofseptums oder Aneurysmas, ohne Nachweis einer Shunt-Verbindung. Thorakale Aorta in den einsehbaren Anteilen unauffällig ohne Nachweis relevanter Plaques.

EKG:
Sinusrhythmus, HF 69/min, Intermediärtyp. Keine Erregungsleitungs- oder –rückbildungsstörungen.

Langzeit-EKG:
Durchgehender Sinusrhythmus, keine hämodynamisch relevante Arrhythmien, 21 Extrasystolen, formal LOWN I.

Labor:
Cholesterin 232 mg/dl.
Übrige Routineparameter sowie HbA1c, fT3, fT4 im Normbereich. TSH 0,45 uU/ml.
Thrombophillie-Labor unauffällig.

Beurteilung:
Die notfallmäßige Vorstellung erfolgte unter der Verdachtsdiagnose eines erneuten Hirninfarktes. Der Patient hatte rhythmische Kloni des rechten Armes und der rechten Gesichtsseite einige Minuten bemerkt. Vorübergehend sei es auch zu einer deutlichen Verschlechterung der Aphasie gekommen.
Zum Aufnahmezeitpunkt bestand eine überwiegend nicht-flüssige deutliche Aphasie, bis auf eine leichte Pronation im Armhalteversuch rechts bestanden keine manifesten Paresen.
Aufgrund der Anamnese ist am ehesten von einem einfach fokalen Anfall auszugehen, am ehesten symptomatisch als Folge des ausgedehnten Mediainfarktes links.
In den nachfolgenden EEG-Ableitungen ließen sich keine epilepsietypischen Potentiale mehr nachweisen. Angesichts des ausgedehnten Infarktareals ist jedoch von einer hohen Wiederholungswahrscheinlichkeit auszugehen, so dass wir die Indikation zu einer antikonvulsiven Einstellung sahen. Wir dosierten schrittweise Levetiracetam auf. Der Patient wurde über das bestehende Fahrverbot aufgeklärt. Wir bitten um ambulante neurologische Anbindung.
In Ergänzung zur Schlaganfallabklärung führten wir weiterhin ein TEE durch. Hier ließ sich kein sicheres Vorhofseptum nachweisen, keine intracavitären Thromben. Duplexsonographisch besteht weiterhin ein ACI-Verschluss links. Auch eine Langzeit-EKG-Untersuchung, die wir erneut durchführten, ergab keinen Hinweis auf eine kardiale Emboliequelle. Wir beließen daher die Sekundärprophylaxe bei ASS und empfehlen eine erneute Kontrolle der Duplexsonographie in etwa einem ¾ Jahr.
Am 07.02.2018 entließen wir Herrn Steinkönig in Ihre ambulante hausärztliche Betreuung.

Therapieempfehlung:

		morgens	mittags	abends	zur Nacht

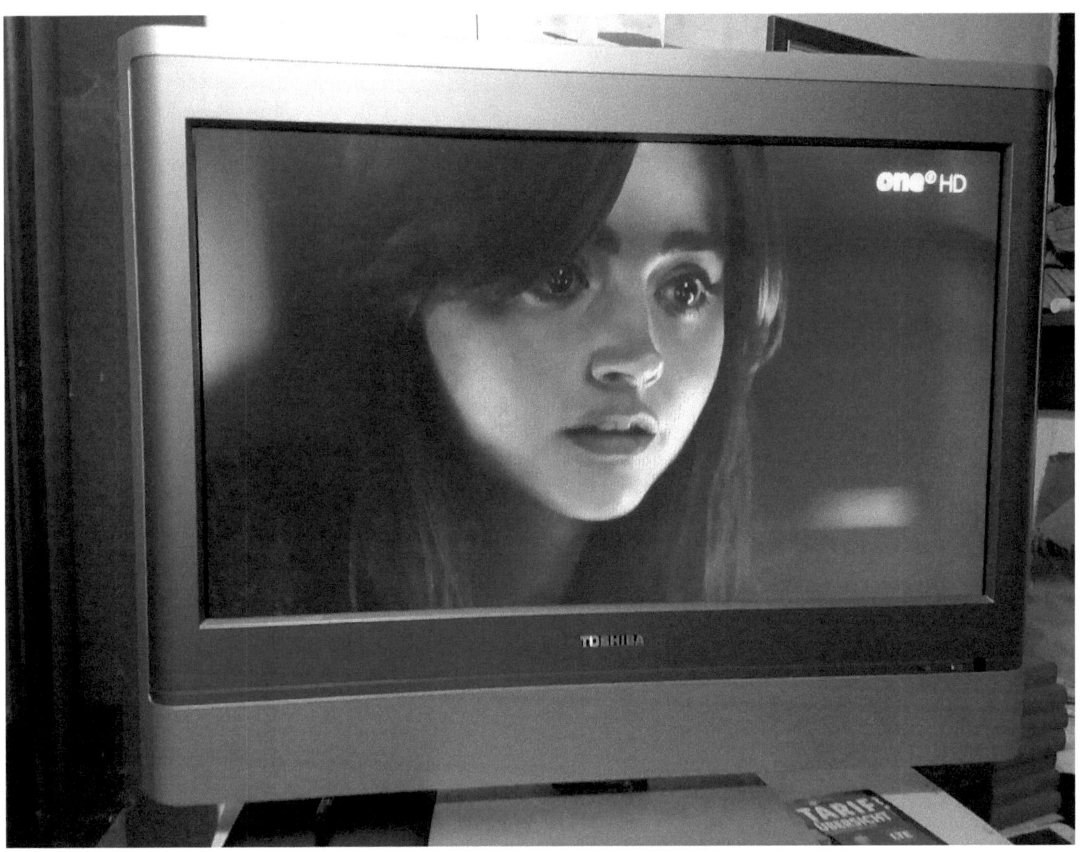

Putins Krieg.... Krieg in Europa!!

Hab ich erst jetzt gefunden: nach meiner Epilepsie vom Januar/Februar 2018. Vor Kurzen hatte ich zu viel Cholesterin (Blutuntersuchung) - damals wars noch viel mehr... Kein Mensch weiß das: Grenzwert 100? 150? 200? 250? 300? Ich weiß, das Vater auch hohe Werte hatte. Ich nehm an durch die individuelle DNA!

Claraaaaaaaaa!! Aus "Doctor Who", MEINE Serie! Clara ist echt die schönste, geilste Frau!! Und eine Superschauspielerin als Doctor-Assistent und mit Verwandlungsfähligkeiten...

LEBENSLAUF

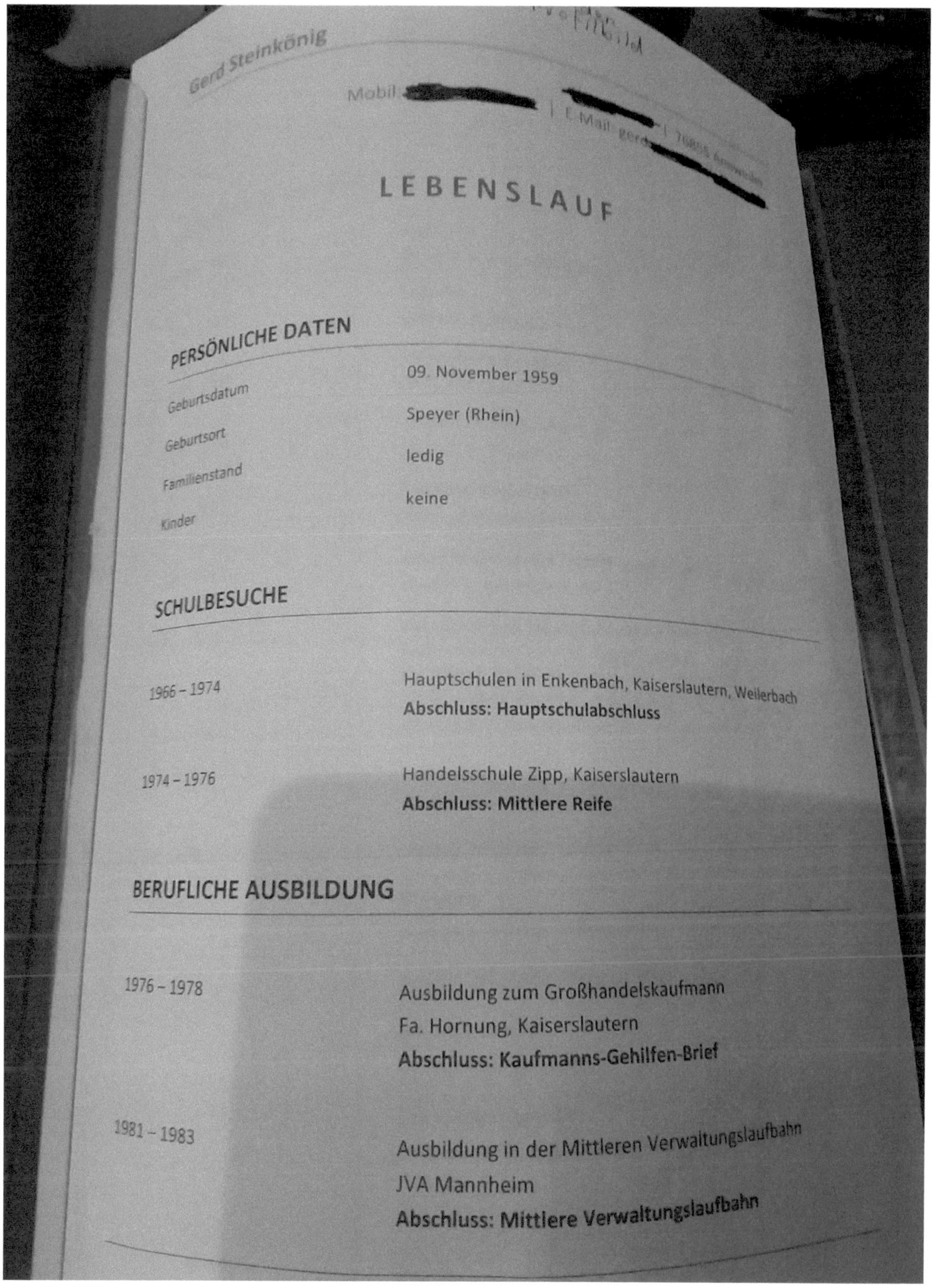

Gerd Steinkönig

Mobil █████████ | E-Mail gerd... | 76855 Annweiler

LEBENSLAUF

PERSÖNLICHE DATEN

Geburtsdatum	09. November 1959
Geburtsort	Speyer (Rhein)
Familienstand	ledig
Kinder	keine

SCHULBESUCHE

1966 – 1974	Hauptschulen in Enkenbach, Kaiserslautern, Weilerbach **Abschluss: Hauptschulabschluss**
1974 – 1976	Handelsschule Zipp, Kaiserslautern **Abschluss: Mittlere Reife**

BERUFLICHE AUSBILDUNG

1976 – 1978	Ausbildung zum Großhandelskaufmann Fa. Hornung, Kaiserslautern **Abschluss: Kaufmanns-Gehilfen-Brief**
1981 – 1983	Ausbildung in der Mittleren Verwaltungslaufbahn JVA Mannheim **Abschluss: Mittlere Verwaltungslaufbahn**

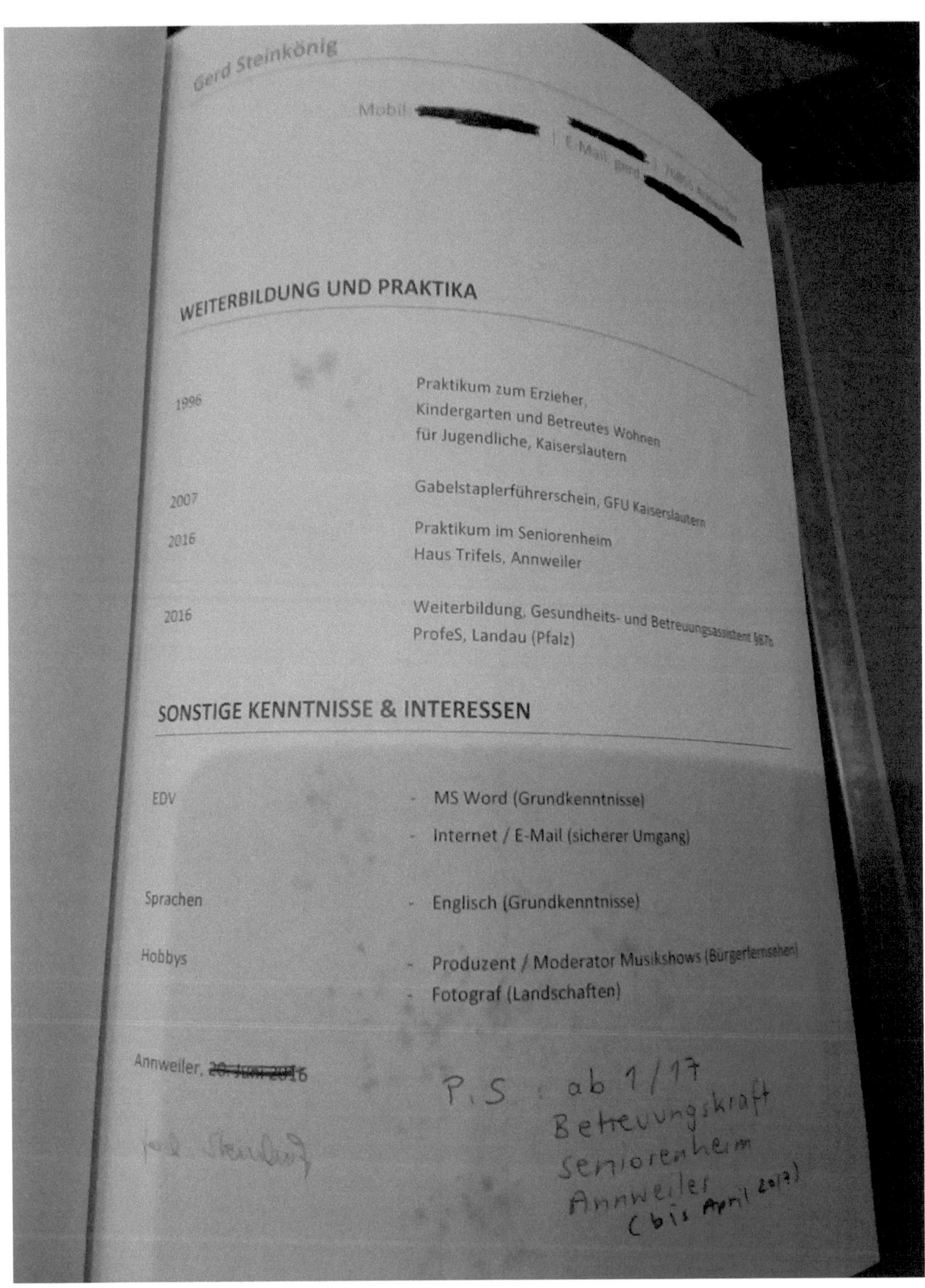

Gerd Steinkönig

Mobil ▬▬▬ | E-Mail: gerd ▬▬▬

WEITERBILDUNG UND PRAKTIKA

1996	Praktikum zum Erzieher, Kindergarten und Betreutes Wohnen für Jugendliche, Kaiserslautern
2007	Gabelstaplerführerschein, GFU Kaiserslautern
2016	Praktikum im Seniorenheim Haus Trifels, Annweiler
2016	Weiterbildung, Gesundheits- und Betreuungsassistent §87b ProfeS, Landau (Pfalz)

SONSTIGE KENNTNISSE & INTERESSEN

EDV	- MS Word (Grundkenntnisse) - Internet / E-Mail (sicherer Umgang)
Sprachen	- Englisch (Grundkenntnisse)
Hobbys	- Produzent / Moderator Musikshows (Bürgerfernsehen) - Fotograf (Landschaften)

Annweiler, ~~20. Juni 2016~~

gez. Steinkönig

P.S. ab 1/17
Betreuungskraft
Seniorenheim
Annweiler
(bis April 2017)

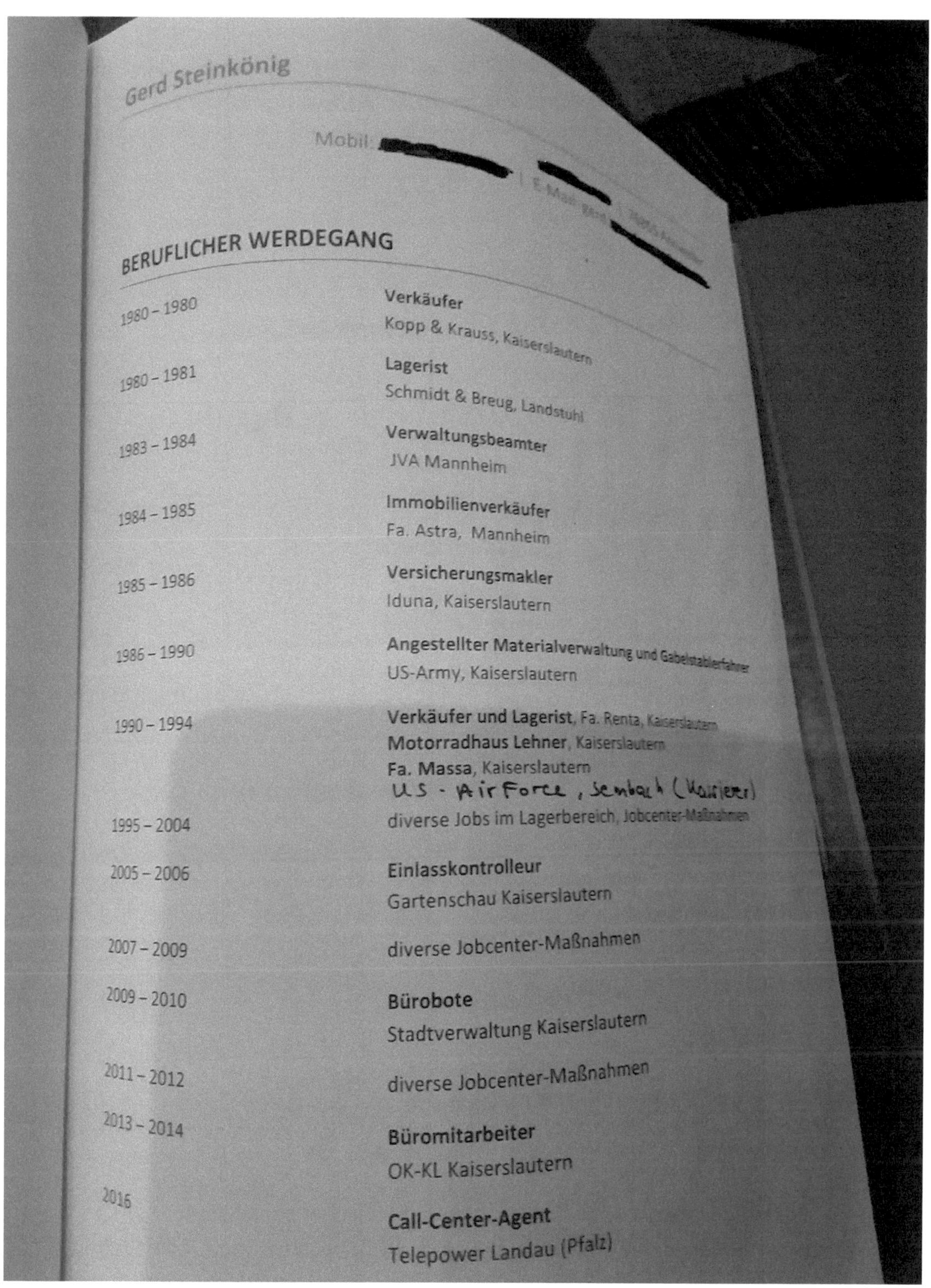

Gerd Steinkönig

Mobil: ▓▓▓▓▓▓▓

BERUFLICHER WERDEGANG

1980 – 1980	**Verkäufer** Kopp & Krauss, Kaiserslautern
1980 – 1981	**Lagerist** Schmidt & Breug, Landstuhl
1983 – 1984	**Verwaltungsbeamter** JVA Mannheim
1984 – 1985	**Immobilienverkäufer** Fa. Astra, Mannheim
1985 – 1986	**Versicherungsmakler** Iduna, Kaiserslautern
1986 – 1990	**Angestellter Materialverwaltung und Gabelstaplerfahrer** US-Army, Kaiserslautern
1990 – 1994	**Verkäufer und Lagerist**, Fa. Renta, Kaiserslautern **Motorradhaus Lehner**, Kaiserslautern **Fa. Massa**, Kaiserslautern U.S. - Air Force , Sembach (Kaiserer)
1995 – 2004	diverse Jobs im Lagerbereich, Jobcenter-Maßnahmen
2005 – 2006	**Einlasskontrolleur** Gartenschau Kaiserslautern
2007 – 2009	diverse Jobcenter-Maßnahmen
2009 – 2010	**Bürobote** Stadtverwaltung Kaiserslautern
2011 – 2012	diverse Jobcenter-Maßnahmen
2013 – 2014	**Büromitarbeiter** OK-KL Kaiserslautern
2016	**Call-Center-Agent** Telepower Landau (Pfalz)

Wääh, wieder durcheinander, aber Ihr könnt es checken... Meine Lebenswege... Mal
abbiegen, mal geradeaus... In der JVA Mannheim - ich wäre mittlerweile Pensionär, aber
wie wäre das Leben verlaufen: Mannheim-Heimat? Famile? Oder doch ganz anders und kein
Annweiler oder keine M.E. oder keine A.P.? Oder die Bundeswehr - 1980 hätte ich einen Job
gehabt als Zivilfernschreiber neben der Kaserne in Gerolstein, ging kurzfristig aber doch

nicht: hätte ich in der Eifel gelebt? Oder doch - durch die Fernschreibertechnik - wieder weg? Mal wieder Familie? Da sind noch mehrere Sachen in meinen Wegen im Lebenslauf, z.B die US-Army (ROB KL) oder die Stadtverwaltung KL (Referat Kultur) etc...

FACEBOOK-SACHEN

Frank Laufenberg fühlt sich traurig.

Favoriten · 6 Tage ·

Ich bin wie paralysiert – ich hätte es nie für möglich gehalten, dass im 21. Jahrhundert jemand so mit dem Feuer spielt!

Gerd Steinkoenig

Damit hab ich nicht gerechnet! Ich dachte durch Taktik wegen der russischen Ostukraine. Aber Putin greift komplett in die Ukraine an! Nicht zu fassen! Und was kommt mit Polen, Baltikum??

Antworten5 Tage

Bianca

Gerd Steinkoenig ich auch nicht . Meine beiden Kinder haben das seit Wochen voraus gesagt und ich habe immer gesagt, in der heutigen Zeit wird sowas nicht mehr passieren, ich habe mich leider geirrt, hoffe aber immer noch, dass es so schnell wie möglich unterbunden wird

----

Campact e.V.

22. Februar um 09:50 ·

Heute vor 79 Jahren wurden Sophie Scholl und ihre Mitstreiter der Weißen Rose von Nationalsozialisten hingerichtet. Wir gedenken allen Widerstandskämpfer*innen: Kein Fußbreit dem Faschismus, überall und immer! ❤

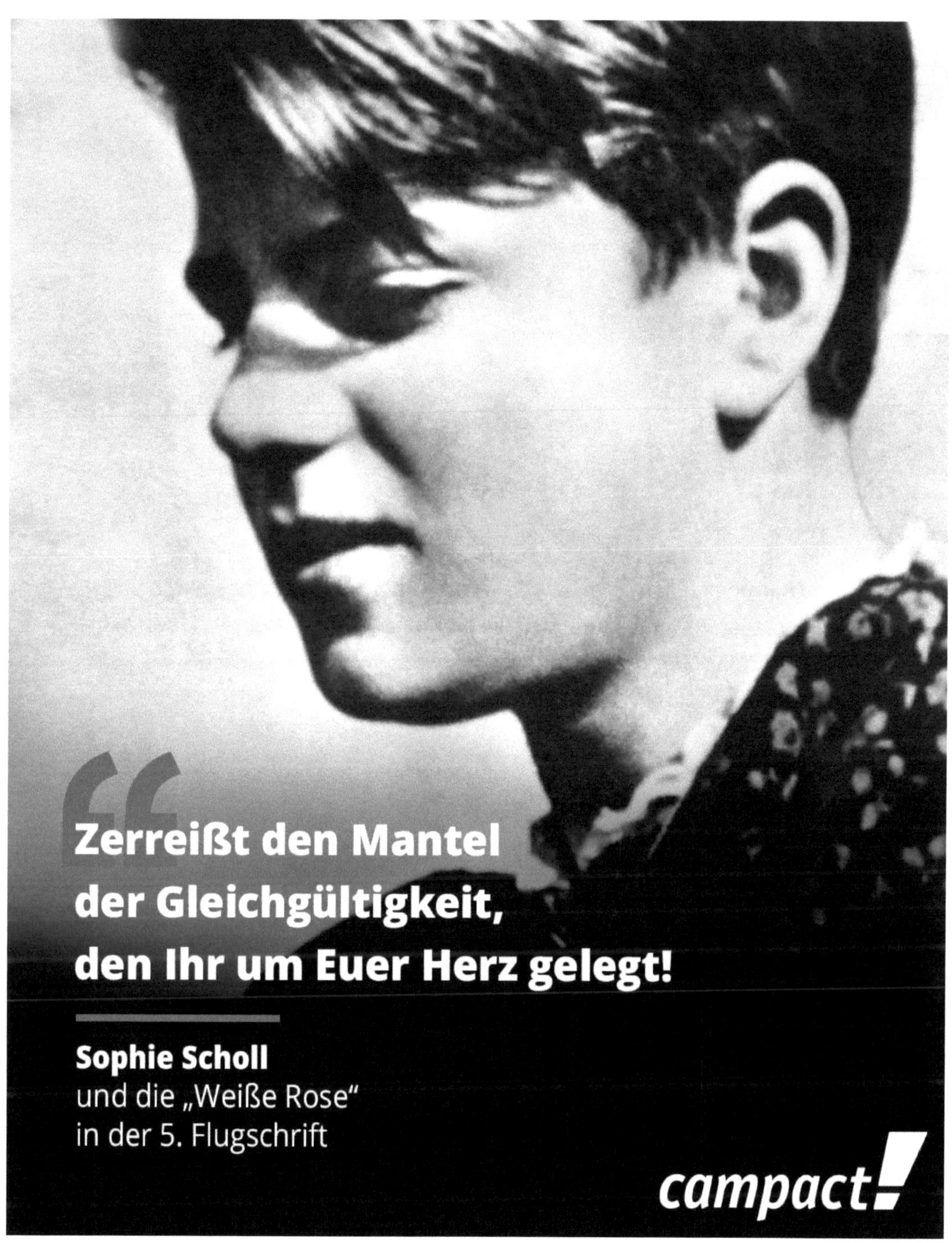

Frank Laufenberg

Favoriten · 1 Tage ·

Am 29. April wird Willie Nelson 89 Jahre alt – das hätte keiner erwartet! Außer ihm! An

35

diesem Tag erscheint ein neues Album von Willie, das "A Beautiful Time" heißt – und diese Einstellung hat ihm sicher durch viele Höhen und Tiefen seines Lebens geholfen! Jede Zeit ist eine schöne Zeit! Jede! Positives Denken ist grade jetzt gefordert!

Gerd Steinkoenig

21. Februar um 15:50 ·

Mit Öffentlich geteilt

Fahndungsfoto für meinen neuen Personalausweis... Montagsgesicht wegen zu viel Maske... Die Einwohnermeldeamt-Dame hat das ruckzuck gemacht - aber "Polizei" wegen Fingerabdrücke... Und wieder oft nicht verstanden wegen der Maske, lach...

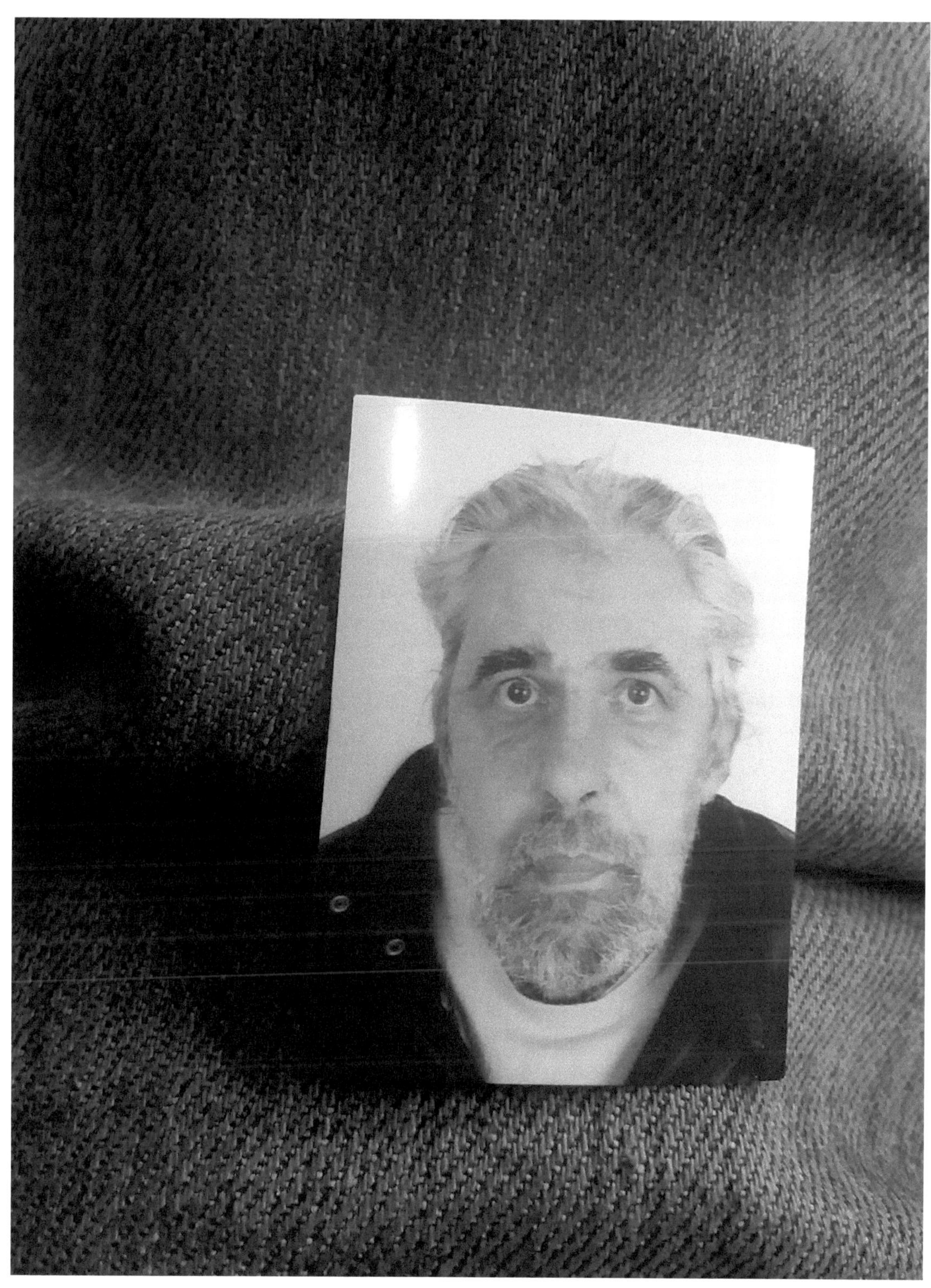

Gerd Steinkoenig hat seinen Status aktualisiert.

14. Februar 2017 ·

Mit Öffentlich geteilt

Mein Buch ist seit heute auf dem Markt! Wenn Ihr Interesse habt: Titel: Blood On The Rooftops / BoD Nr: 1257123 / 104 Seiten / Paperback / Ladenpreis: 11,99 E / als E-Book 7,99E, die ersten 4 Wochen FÜR EUCH E-Book-AKTIONSPREIS 3,99E.   Notizen über Musik und Mehr

----

Gerd Steinkoenig

7. Februar um 21:30 ·

Mit Öffentlich geteilt

"Ein Herz und eine Seele" hatten 1973/1974 21 Episoden! Loriot aus den 1970ern war nur 1 x (!!) Im Jahr! Heute, fast 50 Jahre alt, sind diese Satirecomedys unvergessen, legendär, "Das Bild hängt schief" kennt jeder! Die "Bashings" von Ekel Alfred kennt jeder! Damals total political uncorrectness!! Oder "Klimbim": Ingrid Steeger mit nackten Brüsten (auch in den 1970ern)... Übrigens: waren alle bei der ARD!! Und: ARD-Rockpalast-Nächte (3 Konzerte mit ca 6 Stunden!!) mit The Who, Rory Gallagher, Peter Gabriel, Spirit etc etc... Heute ist die ARD nur noch stromlinienförmiges Staatsfernsehen! OK OK, Tatort geil, Sportschau geil, aber sonst!

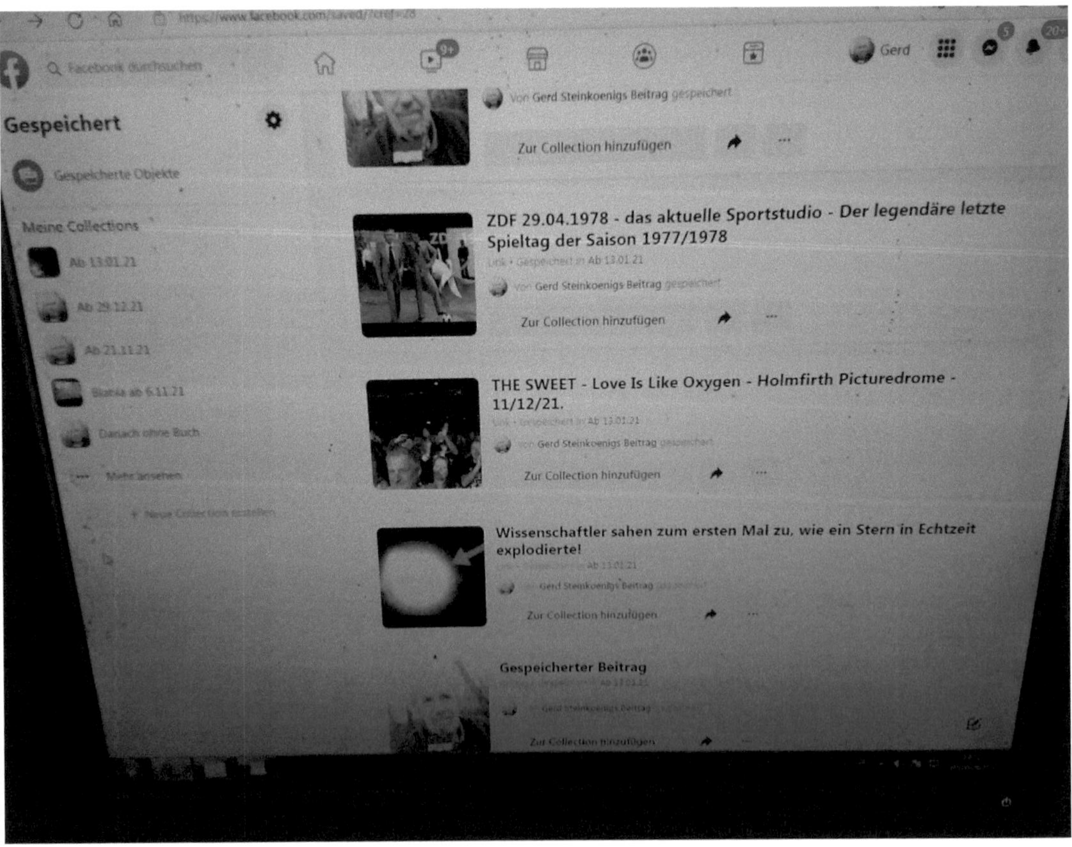

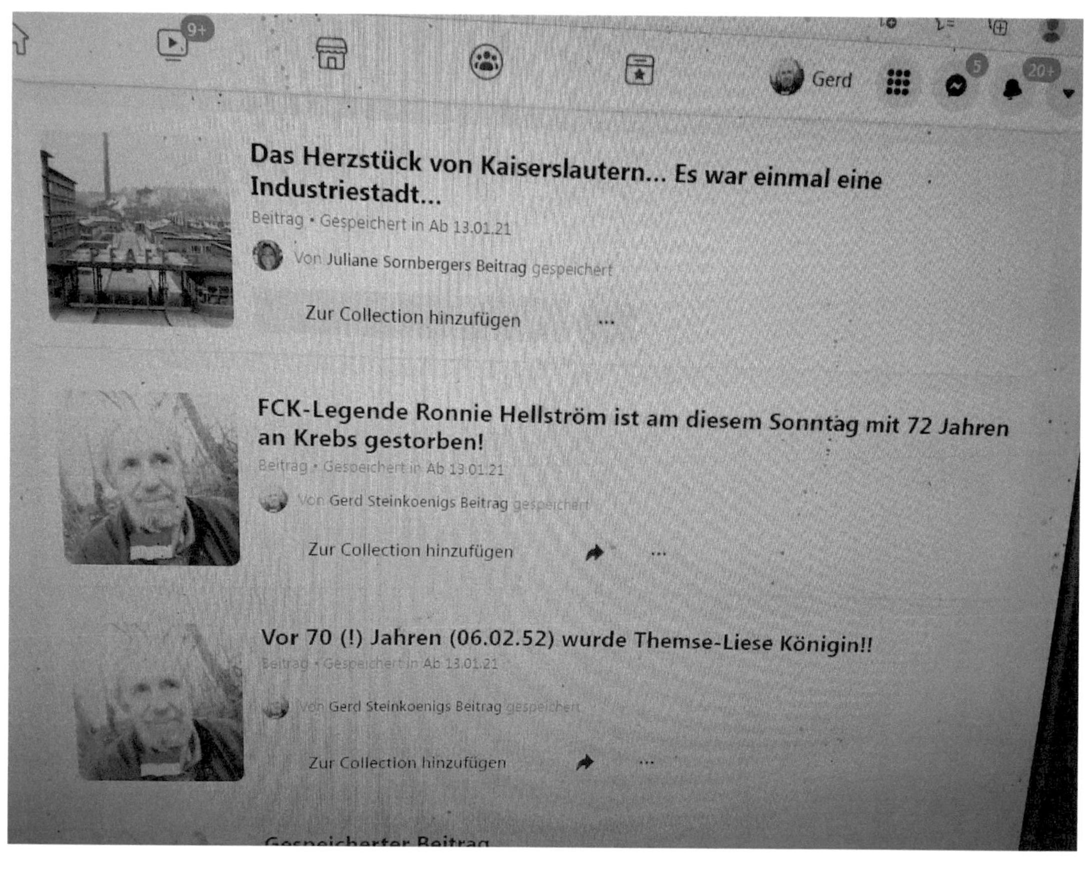
Gerd

Das Herzstück von Kaiserslautern... Es war einmal eine Industriestadt...
Beitrag · Gespeichert in Ab 13.01.21
Von Juliane Sornbergers Beitrag gespeichert
Zur Collection hinzufügen

FCK-Legende Ronnie Hellström ist am diesem Sonntag mit 72 Jahren an Krebs gestorben!
Beitrag · Gespeichert in Ab 13.01.21
Von Gerd Steinkoenigs Beitrag gespeichert
Zur Collection hinzufügen

Vor 70 (!) Jahren (06.02.52) wurde Themse-Liese Königin!!
Beitrag · Gespeichert in Ab 13.01.21
Von Gerd Steinkoenigs Beitrag gespeichert
Zur Collection hinzufügen

Gespeicherter Beitrag

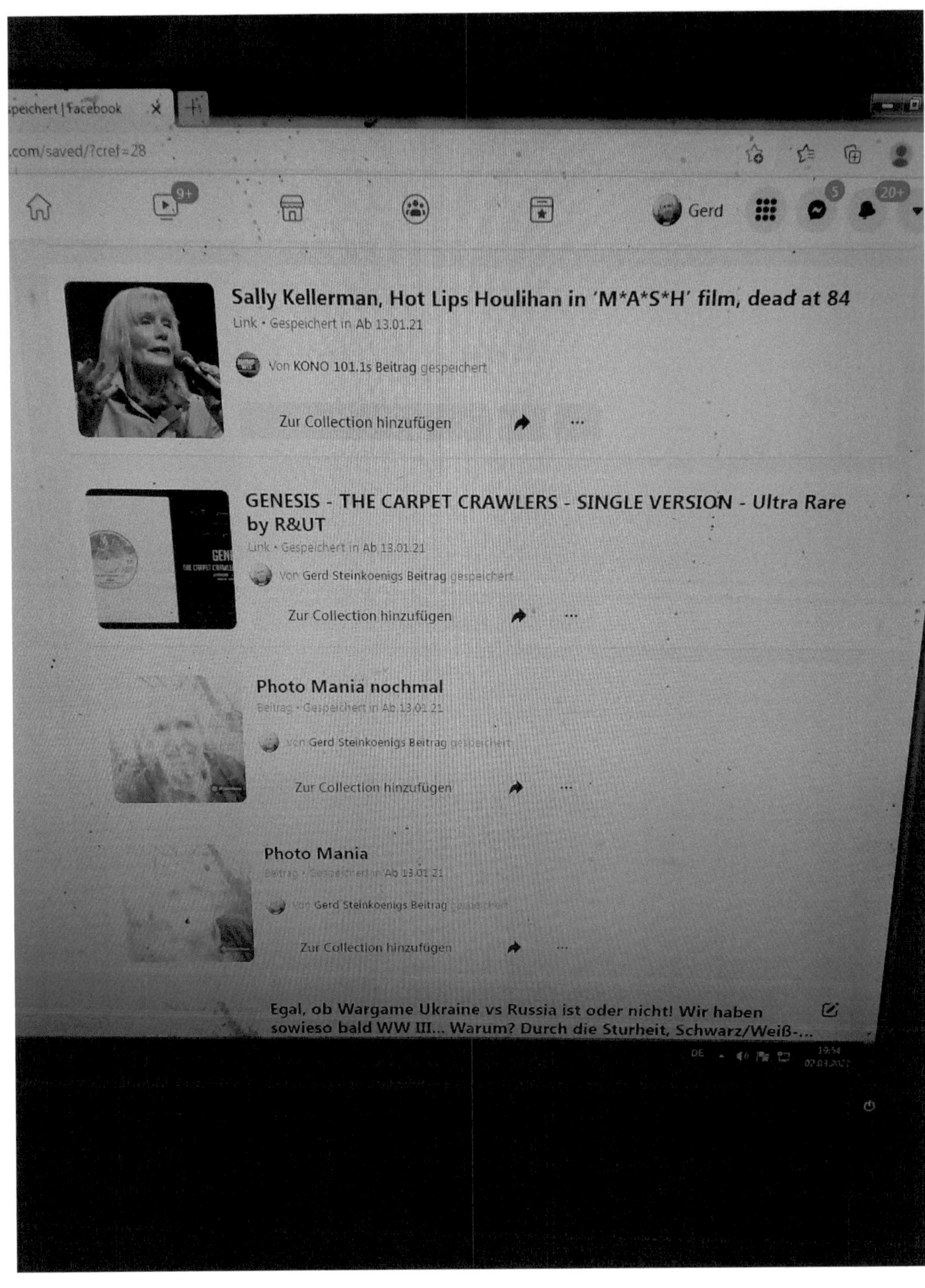

----

10 FOTOS ZU MEINEM KLEINEN BEST OF FROM MY ISBN-BOOKS...

Mit Blood On The Rooftops, Eine Zeitläuferin entdeckt Gerd Steinkoenig etc etc...

Bei diesem letzten Buch (Eine Zeitläuferin...) war auch ein großes Best of aus meinen Büchern... Und weitere Ecken in meinen Büchern...

Mit meinen 30 Lebensalben (kreirt in meiner Alzey-Schlaganfall-Klinik, natürlich mit Genesis), meine 10 Erinnern/erleben-Alben (natürlich Genesis), Molly my cat etc...

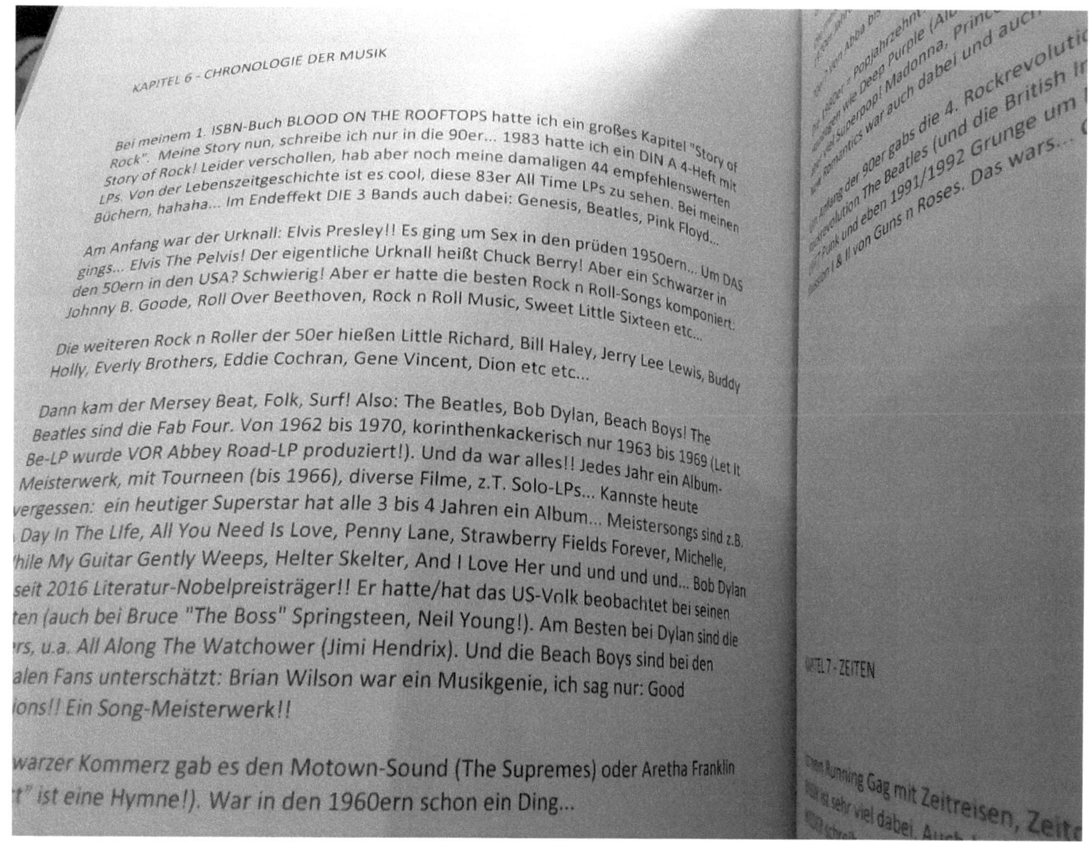

KAPITEL 6 - CHRONOLOGIE DER MUSIK

Bei meinem 1. ISBN-Buch BLOOD ON THE ROOFTOPS hatte ich ein großes Kapitel "Story of Rock". Meine Story nun, schreibe ich nur in die 90er... 1983 hatte ich ein DIN A 4-Heft mit Story of Rock! Leider verschollen, hab aber noch meine damaligen 44 empfehlenswerten LPs. Von der Lebenszeitgeschichte ist es cool, diese 83er All Time LPs zu sehen. Bei meinen Büchern, hahaha... Im Endeffekt DIE 3 Bands auch dabei: Genesis, Beatles, Pink Floyd...

Am Anfang war der Urknall: Elvis Presley!! Es ging um Sex in den prüden 1950ern... Um DAS gings... Elvis The Pelvis! Der eigentliche Urknall heißt Chuck Berry! Aber ein Schwarzer in den 50ern in den USA? Schwierig! Aber er hatte die besten Rock n Roll-Songs komponiert: Johnny B. Goode, Roll Over Beethoven, Rock n Roll Music, Sweet Little Sixteen etc...

Die weiteren Rock n Roller der 50er hießen Little Richard, Bill Haley, Jerry Lee Lewis, Buddy Holly, Everly Brothers, Eddie Cochran, Gene Vincent, Dion etc etc...

Dann kam der Mersey Beat, Folk, Surf! Also: The Beatles, Bob Dylan, Beach Boys! The Beatles sind die Fab Four. Von 1962 bis 1970, korinthenkackerisch nur 1963 bis 1969 (Let It Be-LP wurde VOR Abbey Road-LP produziert!). Und da war alles!! Jedes Jahr ein Album-Meisterwerk, mit Tourneen (bis 1966), diverse Filme, z.T. Solo-LPs... Kannste heute vergessen: ein heutiger Superstar hat alle 3 bis 4 Jahren ein Album... Meistersongs sind z.B. Day In The LIfe, All You Need Is Love, Penny Lane, Strawberry Fields Forever, Michelle, hile My Guitar Gently Weeps, Helter Skelter, And I Love Her und und und und... Bob Dylan seit 2016 Literatur-Nobelpreisträger!! Er hatte/hat das US-Volk beobachtet bei seinen ten (auch bei Bruce "The Boss" Springsteen, Neil Young!). Am Besten bei Dylan sind die rs, u.a. All Along The Watchower (Jimi Hendrix). Und die Beach Boys sind bei den alen Fans unterschätzt: Brian Wilson war ein Musikgenie, ich sag nur: Good ions!! Ein Song-Meisterwerk!!

warzer Kommerz gab es den Motown-Sound (The Supremes) oder Aretha Franklin t" ist eine Hymne!). War in den 1960ern schon ein Ding...

KAPITEL 7 - ZEITEN

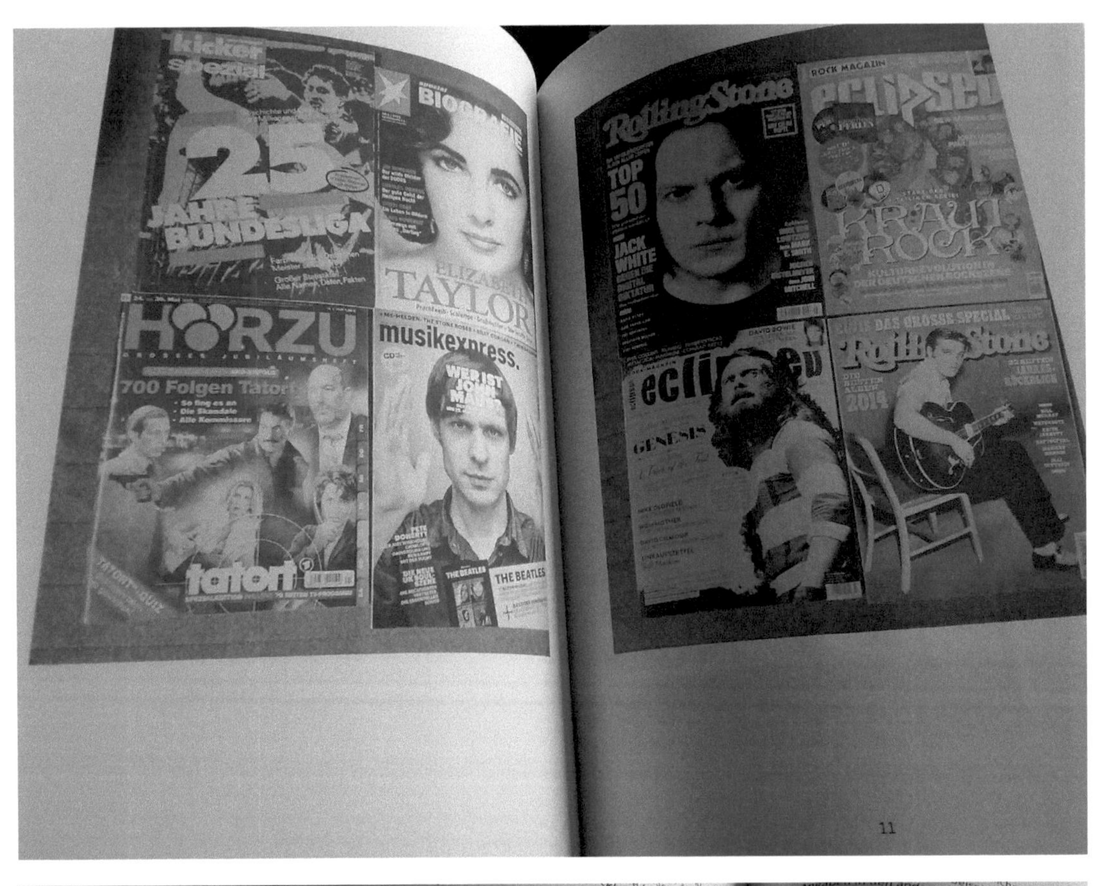

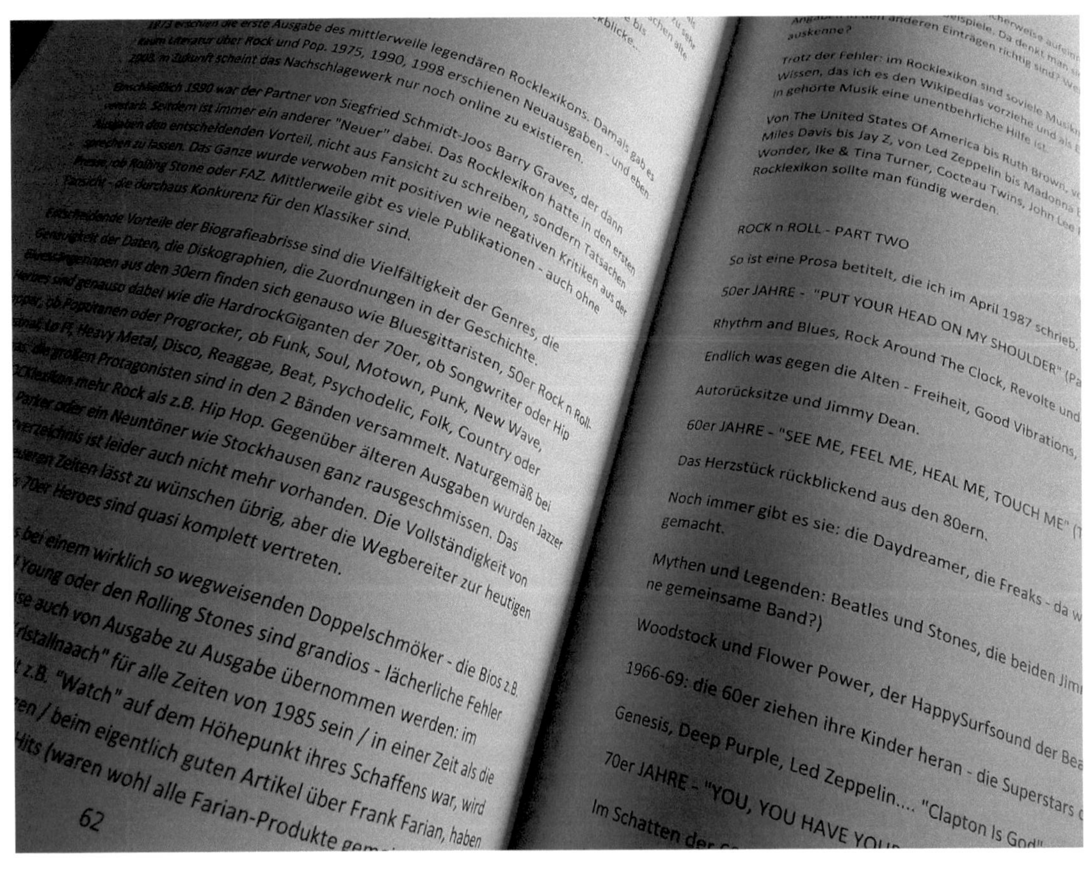

1973 erschien die erste Ausgabe des mittlerweile legendären Rocklexikons. Damals gab es kaum Literatur über Rock und Pop. 1975, 1990, 1998 erschienen Neuausgaben - und eben 2008. In Zukunft scheint das Nachschlagewerk nur noch online zu existieren.

Einschließlich 1990 war der Partner von Siegfried Schmidt-Joos Barry Graves, der dann verstarb. Seitdem ist immer ein anderer "Neuer" dabei. Das Rocklexikon hatte in den ersten Ausgaben den entscheidenden Vorteil, nicht aus Fansicht zu schreiben, sondern Tatsachen sprechen zu lassen. Das Ganze wurde verwoben mit positiven wie negativen Kritiken aus der Presse, ob Rolling Stone oder FAZ. Mittlerweile gibt es viele Publikationen - auch ohne Fansicht - die durchaus Konkurrenz für den Klassiker sind.

Entscheidende Vorteile der Biografieabrisse sind die Vielfältigkeit der Genres, die Genauigkeit der Daten, die Diskographien, die Zuordnungen in der Geschichte. Einschlagerinnen aus den 30ern finden sich genauso wie Bluesgittaristen, 50er Rock n Roll. Heroes sind genauso dabei wie die HardrockGiganten der 70er, ob Songwriter oder Hip Hopper, ob Popoitanen oder Progrocker, ob Funk, Soul, Motown, Punk, New Wave, zonal, Lo Fi, Heavy Metal, Disco, Reaggae, Beat, Psychodelic, Folk, Country oder was, die großen Protagonisten sind in den 2 Bänden versammelt. Naturgemäß bei Rocklexikon mehr Rock als z.B. Hip Hop. Gegenüber älteren Ausgaben wurden Jazzer Parker oder ein Neuntöner wie Stockhausen ganz rausgeschmissen. Das Inverzeichnis ist leider auch nicht mehr vorhanden. Die Vollständigkeit von neueren Zeiten lässt zu wünschen übrig, aber die Wegbereiter zur heutigen 70er Heroes sind quasi komplett vertreten.

Es bei einem wirklich so wegweisenden Doppelschmöker - die Bios z.B. Young oder den Rolling Stones sind grandios - lächerliche Fehler Ise auch von Ausgabe zu Ausgabe übernommen werden: im "Kristallnaach" für alle Zeiten von 1985 sein / in einer Zeit als die t z.B. "Watch" auf dem Höhepunkt ihres Schaffens war, wird ren / beim eigentlich guten Artikel über Frank Farian, haben Hits (waren wohl alle Farian-Produkte gem...

62

Trotz der Fehler: im Rocklexikon sind soviele Musik Wissen, das ich es den Wikipedias vorziehe und als in gehörte Musik eine unentbehrliche Hilfe ist.

Von The United States Of America bis Ruth Brown, v Miles Davis bis Jay Z, von Led Zeppelin bis Madonna Wonder, Ike & Tina Turner, Cocteau Twins, John Lee Rocklexikon sollte man fündig werden.

ROCK n ROLL - PART TWO

So ist eine Prosa betitelt, die ich im April 1987 schrieb.

50er JAHRE - "PUT YOUR HEAD ON MY SHOULDER" (Pa

Rhythm and Blues, Rock Around The Clock, Revolte und

Endlich was gegen die Alten - Freiheit, Good Vibrations,

Autorücksitze und Jimmy Dean.

60er JAHRE - "SEE ME, FEEL ME, HEAL ME, TOUCH ME" (

Das Herzstück rückblickend aus den 80ern.

Noch immer gibt es sie: die Daydreamer, die Freaks - da w gemacht.

Mythen und Legenden: Beatles und Stones, die beiden Jim ne gemeinsame Band?)

Woodstock und Flower Power, der HappySurfsound der Bea

1966-69: die 60er ziehen ihre Kinder heran - die Superstars

Genesis, Deep Purple, Led Zeppelin.... "Clapton Is God"

70er JAHRE - "YOU, YOU HAVE YOUR

Im Schatten der ...

11

GERD STEINKOENIG·DIENSTAG, 10. JANUAR 20172 Mal gelesen

Jede Dekade, jede Generation hat seine Musik. Jeder Mensch verbindet individuell Gefühle, Erlebnisse, Erinnerungen an bestimmte Songs, Alben oder Bands/Künstler. Und anders wie bei Beethoven, Bach, Mozart, Schubert und Co ist noch nicht abzusehen, ob Klassiker der Rock- und Popmusik - auch Klassiker aus Jazz, Swing, Blues... (John Lee Hooker oder Miles Davis oder B.B. King... - die Zeiten überleben. Sicherlich, zumindest eine Randnotiz werden in 200 Jahren die kommerzell ganz Großen wie The Beatles, Elvis Presley oder Michael Jackson haben. Aber werden die Genres, die qualitativ hochwertigen Alben in Zukunft richtig einzuordnen sein, wird man sich an die "richtige" Musik "erinnern? Ich, der in den 70ern des 20. Jahrhunderts musikalisch sozialisiert wurde, kann sich nicht vorstellen, das es ein Leben ohne Shine On Your Crazy Diamond, Time oder Comfortably Numb (Pink Floyd), ein Leben ohne Supper's Ready, Blood On The Rooftops oder Firth Of Fifth (Genesis), ein Leben ohne Stairway To Heaven oder Kashmir (Led Zeppelin), oder Gimme Shelter (Rolling Stones), Highway Star (Deep Purple), Hammer Horror (Kate Bush), David Bowie, Neil Young, Bob Marley, Sade, U 2, Police und und und, ohne Telegraph Road (Dire Straits) geben kann. Lach :-D Zeitlose Schönheiten, zeitlose Musik! Hey Hey My My The Rock n Roll Can Never Die... Aber mir scheint, der Rock stirbt. Austauschbare "Alternative Rock"-Bands und die alten Metalheroes ala Iron Maiden oder AC/DC oder die 70er/80er-Musiker von U 2 bis Neil Young oder Bruce Springsteen füllen heute das Rock-Genre. Wo sind die neuen Impulse, die neuen Helden, die neuen Musikideen? Gilt Rockmusik in 200 Jahren als Geschichtsdekade des 20. Jahrhunderts ab der 50er/60er Jahre, die Anfang des 21. Jahrhunderts endete? Schon oft behauptete ich, die Use Your Illussion Pt 1 and 2 von Guns n Roses (1991) war der Abgesang des klassischen, guten alten Rock... November Rain... Heute zementieren die Stones ihre eigene Legende (durchaus gut, das Bluesalbum von 2016 ist klasse), Bob Dylan kriegt den Literaturnobelpreis und Metallica machen auf ihrem neuen Album so, als wären sie noch die Alten, dabei ist es Abklatsch. Selbst Helden "neuer" Rockmusik der 90er wie R.E.M. oder Oasis existieren nicht mehr. Aber zur eigentlichen Ausgangsfrage: Kann in 200 Jahren überhaupt nachvollzogen werden, wie die Feelings, Hörgewohnheiten, Zeitgeister, Zeitmoden, In-Genres, In-Bands in den jeweiligen Momentums waren? Wer kann schon in 200 Jahren verstehen, das Frank Zappa kein Scharlatan war und seiner Zeit voraus? Wer kapiert, was die Pink Floyd-Alben The Wall oder The Dark Side Of The Moon bedeuteten? Und vorallem: das nicht automatisch der Nr. 1-Hit Another Brick In The Wall genannt wird - eigentlich der schlechteste Song von The Wall... Oder was die Texte von The Dark Side mit dem Lebensgefühl, mit der Seele jener Menschen des 20. Jahrhunderts machten? Viele Beispiele wären zu nennen, z.B. das das Beatles-Album "1" die großen Hits beinhaltet, aber nicht unbedingt die besten Songs. Oder Genesis: eher wird die kommerziell erfolgreichere Popphase der Band eine Fußnote sein - über die seligen Progrock-Jahre wird womöglich kein Wort geschrieben. Welch große Songs und Alben werden für immer aus den Augen der Menschheit verschwinden, weil es in 200 Jahren keiner checkt? Kennt in 200 Jahren noch jemand King Crimson??? Madonna ja - Sex Pistols nein?

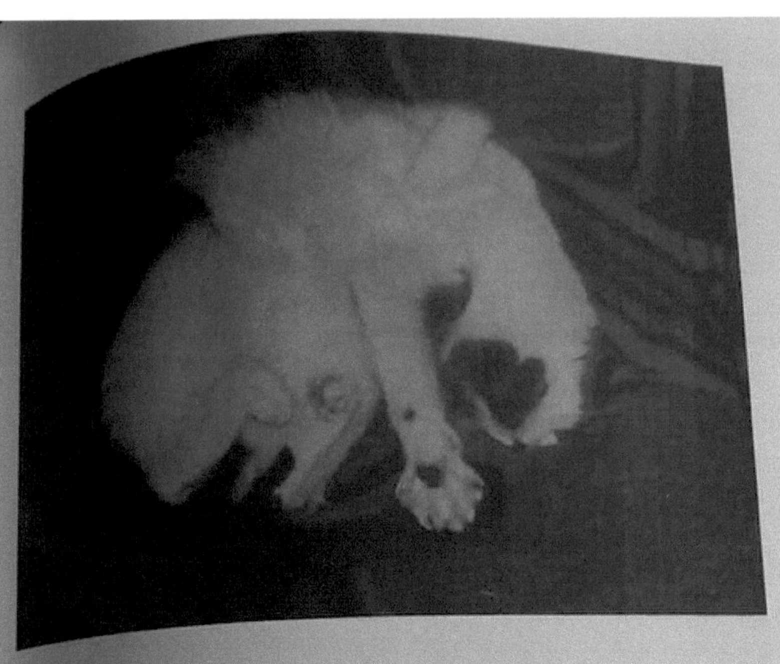

Beatrice - Du liebst Deine Molly immer noch, gell? Sie war so süß...

Gerd - Damals 2010 oder 2011 hatte sie in KL ein Revier. Hinter den Häusern viel Garten, Rasen, Bäume mit Neugierde, Vögeln und Mäuse jagen, am Anfang die anderen Katzen, desweiteren. Tagsüber war sie am "Abenteuerspielplatz" mit grüner Natur, nachts mit mir mit Futterchen und schmusen... Wenn ich ins Bett ging war sie auch da. Oft hinter der Kniekehle. Ich sagte immer "Mulde". Später war sie manchmal auch nachts im Revier. Was ich sagen wollte, mit Revier, Freiheit, schmusen: Molly war einfach glücklich. Das war mein Ziel. Das Molly frei war. In Annweiler natürlich auch. Bis in der letzten Sekunde war sie sehr treu! Aber mit Revier ging es nicht mehr so. Zu viel Straße. Am Anfang schon, da hätte ich gleich noch mal ein Erlebnis... Seit 2017/18 nicht mehr. Mein Katzenmääädsche Molly war das treueste, liebevollste Lebewesen, das ich in meinem Leben je hatte!! Ich hab sie umarmt, als sie über ihre Regenbogenbrücke ging.

Beatrice - Ich hab ja Deine Bücher gelesen. Ich hab dieses Ereignis gelesen über ihren Übergang, wie sie plötzlich Dein Gesicht geschleckt und geschmust hatte, als Dank und Verabschiedung, und Du hast sie umarmt und sie über Deine Decke gewärmt...

Gerd - es war nicht leicht... Schon die ca 2 Monate. Im Hinterkopf, wieder Tierärztin,

Beatrice - Du solltest mehr agieren, mehr Selbstständigkeit einfach machen, keine Angst wegen Krankheit, einfach leben mit Genuss, einfach jeden Tag lachen...

Gerd - ich weiß es im Endeffekt sogar... Am Besten wäre eine Partnerin! Momentan habe ich eine gute Freundin kennengelernt. Ich hatte mit ihr vom messenger viel mit ihr erzählt, und dann geblockt, wegen Misstrauen und/oder Skepsis und blöde Beeinflussungen von Internet-Freunden. Seit ein paar Tagen bin ich wieder mit ihr zusammen. Sie kommt aus Russland, wir treffen uns irgendwann in 2022, aber ob komplett forever weiß ich nicht... Aber in diesem Momentum ist es gut mit ihr, sie hat Lebenserfahrung, Menschenkenntnis, ich nehm an auch Liebe. Ich machs einfach wieder mit ihr... Mal sehen... Das ich wieder, wie davor - mehr Risiko eingehe...

Beatrice - Mach mehr Risiko! No Risk, No Fun! Das sagen sogar die Time Lords oder Lebewesen wie ich als Zeitläuferin... Du bist 62, Du willst leben, dann mach es! Übrigens: Du hast heute mit Deinem Betreuerassistent das 2019er-Buch DANACH ihm ausgeliehen. Sorry, Du kennst mich, ich SEHE und ERKENNE alles auf der Erde... DANACH ist der Wandel zwischen "Davor" vor dem Schlaganfall und "Danach" nach dem Schlaganfall. Ich denke schon, das dieser Betreuer dieses Buch liest. Er hat die 2021er Bücher oft gelesen oder überflogen. Als Psychologe checkt er schon durch die Unterschiede. Du hast gute Entwicklungen und Fortschritte, aber 2017 "davor" sind mehr Wortdifferenzierungen, blumige Worte. 2021 und bestimmt auch in diesem Buch war es besser als 2019. Als Beispiel: in einem 2021er Buch (ich glaube bei SPÄTER OHNE BUCH) war ein Gerd-Award mit Musikband, TV-Serie, Buch etc, und zwar nur EINS. Im Buch DANACH im Gerd-Award sind es ca 2 Seiten mit Gold, Silber und Bronze...

Gerd - Ich hab heute Abend - bestimmt weißt Du das, lach - DANACH gelesen. Du hast recht, auf den Punkt, kurz, konkret, bei dem 2021er-Buch. Trotzdem war DANACH von 2019 auch gut, durch die vielen Award-Differenzierungen und tolle Erinnerungsnamen...

Beatrice - ... nicht immer tolle Erinnerungsnamen. In den Büchern sind bestimmt Hunderte Worte namens Genesis, Pink Floyd, Beatles, lach...

Gerd - ... ist aber ok durch die diversen Momentums. Meine Bücher sind oft Tagebücher (so wie bei facebook, Instagram, Tik Tok,,,). Aber was ich noch meinte mit DANACH: die gut 2 Seiten mit dem Alzey-Klinik-Momentum. Für mich ist es eine reale Entwicklung von heute, wenn ich an die Alzey-Momentims denke, das ist ein anderes Universum wie jetzt!

Beatrice - Für mich ist DANACH ein besonderes Buch für die Persönlichkeit und für eine Zeitkapsel!

Gerd - das meine ich auch!

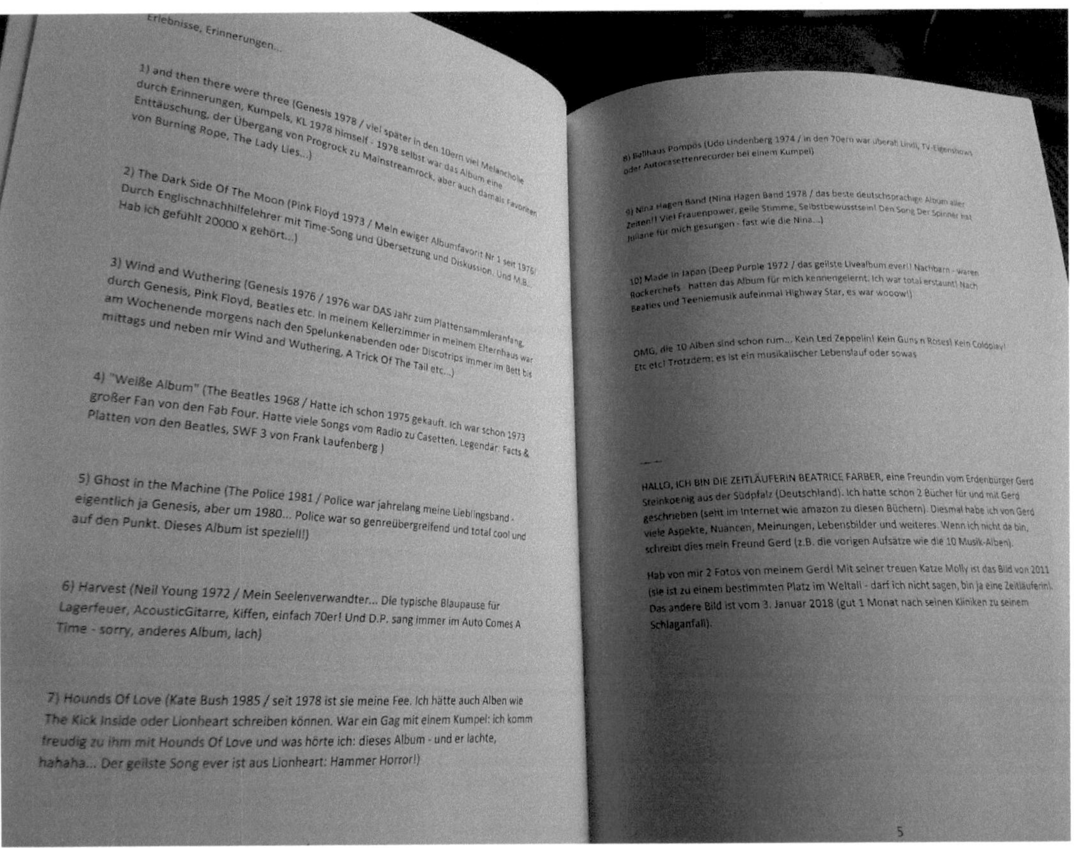

Erlebnisse, Erinnerungen...

1) and then there were three (Genesis 1978 / viel später in den 10ern viel Melancholie durch Erinnerungen, Kumpels, KL 1978 himself - 1978 selbst war das Album eine Enttäuschung, der Übergang von Progrock zu Mainstreamrock, aber auch damals Favoriten von Burning Rope, The Lady Lies...)

2) The Dark Side Of The Moon (Pink Floyd 1973 / Mein ewiger Albumfavorit Nr 1 seit 1975! Durch Englischnachhilfelehrer mit Time-Song und Übersetzung und Diskussion. Und M.B... Hab ich gefühlt 20000 x gehört...)

3) Wind and Wuthering (Genesis 1976 / 1976 war DAS Jahr zum Plattensammleranfang, durch Genesis, Pink Floyd, Beatles etc. In meinem Kellerzimmer in meinem Elternhaus war am Wochenende morgens nach den Spelunkenabenden oder Discotrips immer im Bett bis mittags und neben mir Wind and Wuthering, A Trick Of The Tail etc...)

4) "Weiße Album" (The Beatles 1968 / Hatte ich schon 1975 gekauft. Ich war schon 1973 großer Fan von den Fab Four. Hatte viele Songs vom Radio zu Casetten. Legendär: Facts & Platten von den Beatles, SWF 3 von Frank Laufenberg)

5) Ghost in the Machine (The Police 1981 / Police war jahrelang meine Lieblingsband - eigentlich ja Genesis, aber um 1980... Police war so genreübergreifend und total cool und auf den Punkt. Dieses Album ist speziell!)

6) Harvest (Neil Young 1972 / Mein Seelenverwandter... Die typische Blaupause für Lagerfeuer, AcousticGitarre, Kiffen, einfach 70er! Und D.P. sang immer im Auto Comes A Time - sorry, anderes Album, lach)

7) Hounds Of Love (Kate Bush 1985 / seit 1978 ist sie meine Fee. Ich hätte auch Alben wie The Kick Inside oder Lionheart schreiben können. War ein Gag mit einem Kumpel: ich komm freudig zu ihm mit Hounds Of Love und was hörte ich: dieses Album - und er lachte, hahaha... Der geilste Song ever ist aus Lionheart: Hammer Horror!)

8) Ballhaus Pompös (Udo Lindenberg 1974 / in den 70ern war überall Lindi, TV-Eigenshows oder Autocasettenrecorder bei einem Kumpel)

9) Nina Hagen Band (Nina Hagen Band 1978 / das beste deutschsprachige Album aller Zeiten!! Viel Frauenpower, geile Stimme, Selbstbewusstsein! Den Song Der Spinner hat Juliane für mich gesungen - fast wie die Nina...)

10) Made in Japan (Deep Purple 1972 / das geilste Livealbum ever!! Nachbarn - waren Rockerchefs - hatten das Album für mich kennengelernt. Ich war total erstaunt! Nach Beatles und Teeniemusik aufeinmal Highway Star, es war wooow!)

OMG, die 10 Alben sind schon rum... Kein Led Zeppelin! Kein Guns n Roses! Kein Coldplay! Etc etc! Trotzdem: es ist ein musikalischer Lebenslauf oder sowas

HALLO, ICH BIN DIE ZEITLÄUFERIN BEATRICE FARBER, eine Freundin vom Erdenbürger Gerd Steinkoenig aus der Südpfalz (Deutschland). Ich hatte schon 2 Bücher für und mit Gerd geschrieben (seht im Internet wie amazon zu diesen Büchern). Diesmal habe ich von Gerd viele Aspekte, Nuancen, Meinungen, Lebensbilder und weiteres. Wenn ich nicht da bin, schreibt dies mein Freund Gerd (z.B. die vorigen Aufsätze wie die 10 Musik-Alben).

Hab von mir 2 Fotos von meinem Gerd! Mit seiner treuen Katze Molly ist das Bild von 2011 (sie ist zu einem bestimmten Platz im Weltall - darf ich nicht sagen, bin ja eine Zeitläuferin). Das andere Bild ist vom 3. Januar 2018 (gut 1 Monat nach seinen Kliniken zu seinem Schlaganfall).

5

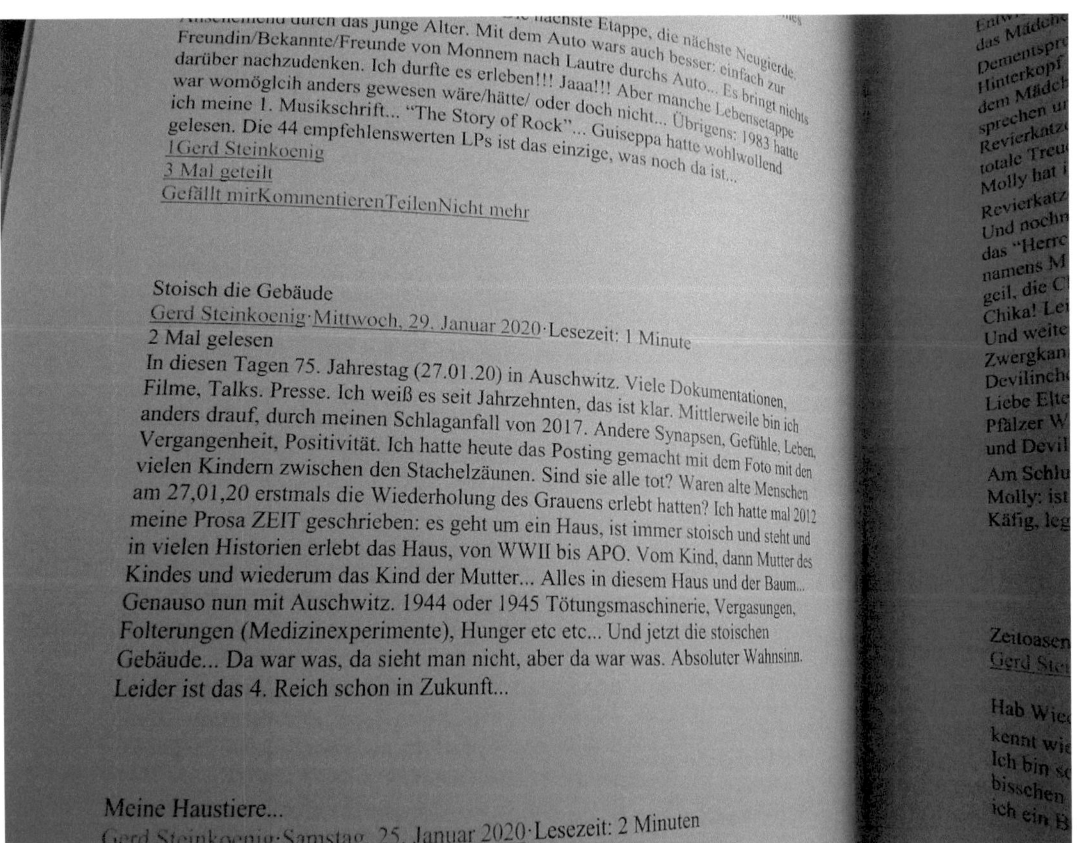

Anscheinend durch das junge Alter. Mit dem Auto wars auch besser: einfach zur Freundin/Bekannte/Freunde von Monnem nach Lautre durchs Auto... Es bringt nichts darüber nachzudenken. Ich durfte es erleben!!! Jaaa!!! Aber manche Lebensetappe war womöglich anders gewesen wäre/hätte/ oder doch nicht... Übrigens: 1983 hatte ich meine 1. Musikschrift... "The Story of Rock"... Guiseppa hatte wohlwollend gelesen. Die 44 empfehlenswerten LPs ist das einzige, was noch da ist... Die nächste Etappe, die nächste Neugierde.

!Gerd Steinkoenig
3 Mal geteilt
Gefällt mirKommentierenTeilenNicht mehr

Stoisch die Gebäude
Gerd Steinkoenig·Mittwoch, 29. Januar 2020·Lesezeit: 1 Minute
2 Mal gelesen
In diesen Tagen 75. Jahrestag (27.01.20) in Auschwitz. Viele Dokumentationen, Filme, Talks. Presse. Ich weiß es seit Jahrzehnten, das ist klar. Mittlerweile bin ich anders drauf, durch meinen Schlaganfall von 2017. Andere Synapsen, Gefühle, Leben, Vergangenheit, Positivität. Ich hatte heute das Posting gemacht mit dem Foto mit den vielen Kindern zwischen den Stachelzäunen. Sind sie alle tot? Waren alte Menschen am 27,01,20 erstmals die Wiederholung des Grauens erlebt hatten? Ich hatte mal 2012 meine Prosa ZEIT geschrieben: es geht um ein Haus, ist immer stoisch und steht und in vielen Historien erlebt das Haus, von WWII bis APO. Vom Kind, dann Mutter des Kindes und wiederum das Kind der Mutter... Alles in diesem Haus und der Baum... Genauso nun mit Auschwitz. 1944 oder 1945 Tötungsmaschinerie, Vergasungen, Folterungen (Medizinexperimente), Hunger etc etc... Und jetzt die stoischen Gebäude... Da war was, da sieht man nicht, aber da war was. Absoluter Wahnsinn. Leider ist das 4. Reich schon in Zukunft...

Meine Haustiere...
Gerd Steinkoenig·Samstag, 25. Januar 2020·Lesezeit: 2 Minuten

KAPITEL 6

MUSIKLIEBE

DAVOR war sehr viel Musikliebe! Siehe ISBN-Büchern wie "Blood On The Rooftops" etc... Und natürlich meine Sammlungen! Vinyl, CDs, Hefte, Bücher, desweiteren, von 75 Super Oldies-CD-Box bis Live Aid 1985-DVD-Box, von Rocklexikon (rororo 2008) bis Lipstick Traces (von Dada bis Punk), von 500 besten Alben aller Zeiten (Rolling Stone-Printedition) bis Die 100 besten Musiker aller Zeiten (Rolling Stone-Edition) etc etc... Die 3 "Loslassen-CDs" hab ich seit Wochen kreirt: wenn ich allein unter der Brücke wäre, oder allein in der Natur zum nächsten Ort, der Stadt, dem Land... Mit meinen ISBN-Büchern und den no-isbn-Büchern hätte ich in der Aldi-Tüte - und eben diese 3 CDs: Echoes - The Best of (Pink Floyd), R-Kive (Genesis), One (The Beatles)... DIE 3 Bands und MEINE Bücher mit meinen Erlebnissen, Prosaen, Musikzeiten...

DANACH

Ich hab 2 Printmedien erworben - obwohl ich seit Monaten aufgehört hatte. Es ist nicht mehr so, dieser Enthusiasmus. Gleich aufschlagen, wow, was hab ich diesmal. Ist immer geil mit diesen Albenlisten oder History-Sachen (z.B. Led Zeppelin Live aus den 1970ern) oder diese CD-Editions mit de-Luxe-Editions, Remasters, Remixe, Unveröffentlichung aus Jubiläums-Alben... In diesen 2 Heften dann auch 40 Jahre " Breakfast in America" (Supertramp) im Eclipsed (Juni 2019), mit z.B. Popol Vuh, Night Of The Prog, Steve Hackett, Jefferson Airplane etc. Und - Tradition in meinen Büchern - die 40 Jahre alte Charts: "Breakfast in America" in den USA Platz 1, in D Platz 4... Im Rolling Stone (Juni 2019) mit Elton John (25 besten Songs), Pearl Jam (die besten Alben), Rammstein, Bob Dylan (Wiederveröffentlichung von Rolling Thunder Revue 1975), Willie Nelson etc.

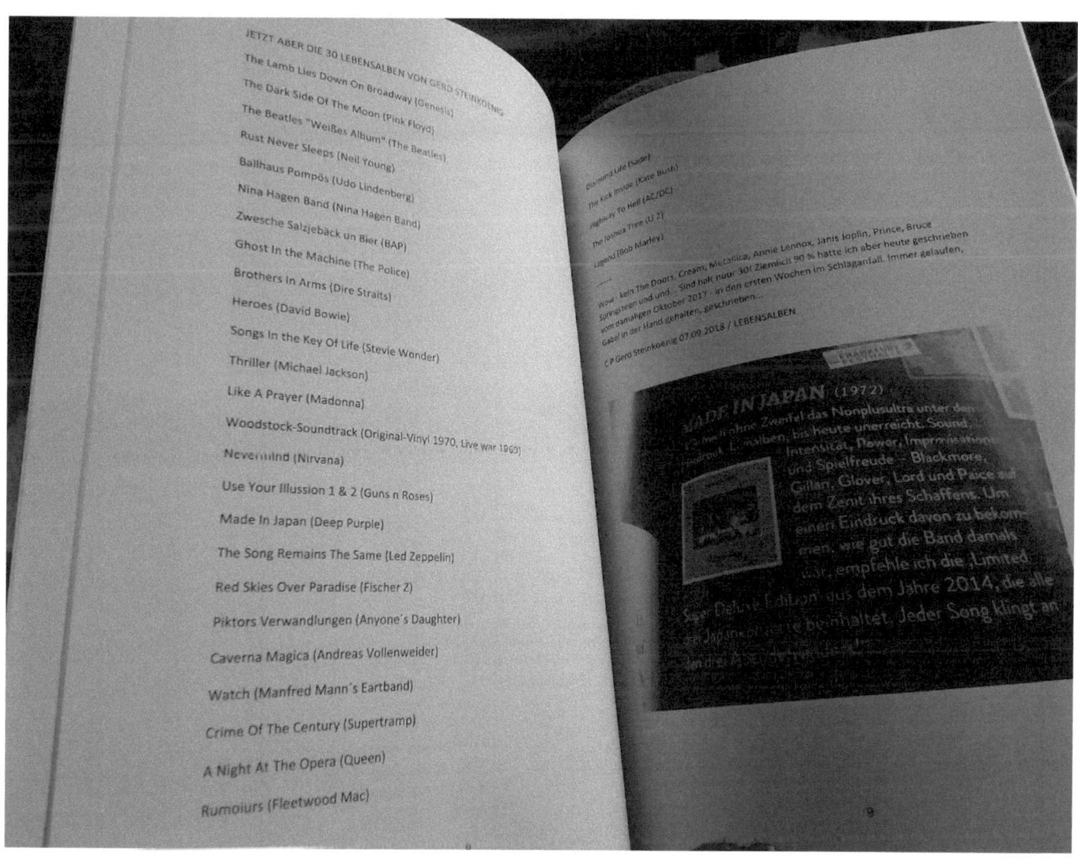

JETZT ABER DIE 30 LEBENSALBEN VON GERD STEINKOENIG

The Lamb Lies Down On Broadway (Genesis)

The Dark Side Of The Moon (Pink Floyd)

The Beatles "Weißes Album" (The Beatles)

Rust Never Sleeps (Neil Young)

Ballhaus Pompös (Udo Lindenberg)

Nina Hagen Band (Nina Hagen Band)

Zwesche Salzjeböck un Bier (BAP)

Ghost In the Machine (The Police)

Brothers In Arms (Dire Straits)

Heroes (David Bowie)

Songs In the Key Of Life (Stevie Wonder)

Thriller (Michael Jackson)

Like A Prayer (Madonna)

Woodstock-Soundtrack (Original-Vinyl 1970, Live war 1969)

Nevermind (Nirvana)

Use Your Illussion 1 & 2 (Guns n Roses)

Made In Japan (Deep Purple)

The Song Remains The Same (Led Zeppelin)

Red Skies Over Paradise (Fischer Z)

Piktors Verwandlungen (Anyone´s Daughter)

Caverna Magica (Andreas Vollenweider)

Watch (Manfred Mann´s Eartband)

Crime Of The Century (Supertramp)

A Night At The Opera (Queen)

Rumoiurs (Fleetwood Mac)

Diamond Life (Sade)

The Kick Inside (Kate Bush)

Highway To Hell (AC/DC)

The Joshua Tree (U 2)

Legend (Bob Marley)

Wow - kein The Doors, Cream, Metallica, Annie Lennox, Janis Joplin, Prince, Bruce Springsteen und und... Sind halt nuur 30! Ziemlich 90 % hatte ich aber heute geschrieben vom damaligen Oktober 2017 - in den ersten Wochen im Schlaganfall. Immer gelaufen, Gabel in der Hand gehalten, geschrieben...

C P Gerd Steinkoenig 07.09.2018 / LEBENSALBEN

MADE IN JAPAN (1972) ...ist ohne Zweifel das Nonplusultra unter den Livealben, bis heute unerreicht. Sound, Intensität, Power, Improvisation und Spielfreude – Blackmore, Gillan, Glover, Lord und Paice auf dem Zenit ihres Schaffens. Um einen Eindruck davon zu bekommen, wie gut die Band damals war, empfehle ich die ‚Limited Super Deluxe Edition' aus dem Jahre 2014, die alle Japankonzerte beinhaltet. Jeder Song klingt an...

9

WW·III 1981, BLUTSPENDE, ALBEN 2017 etc...

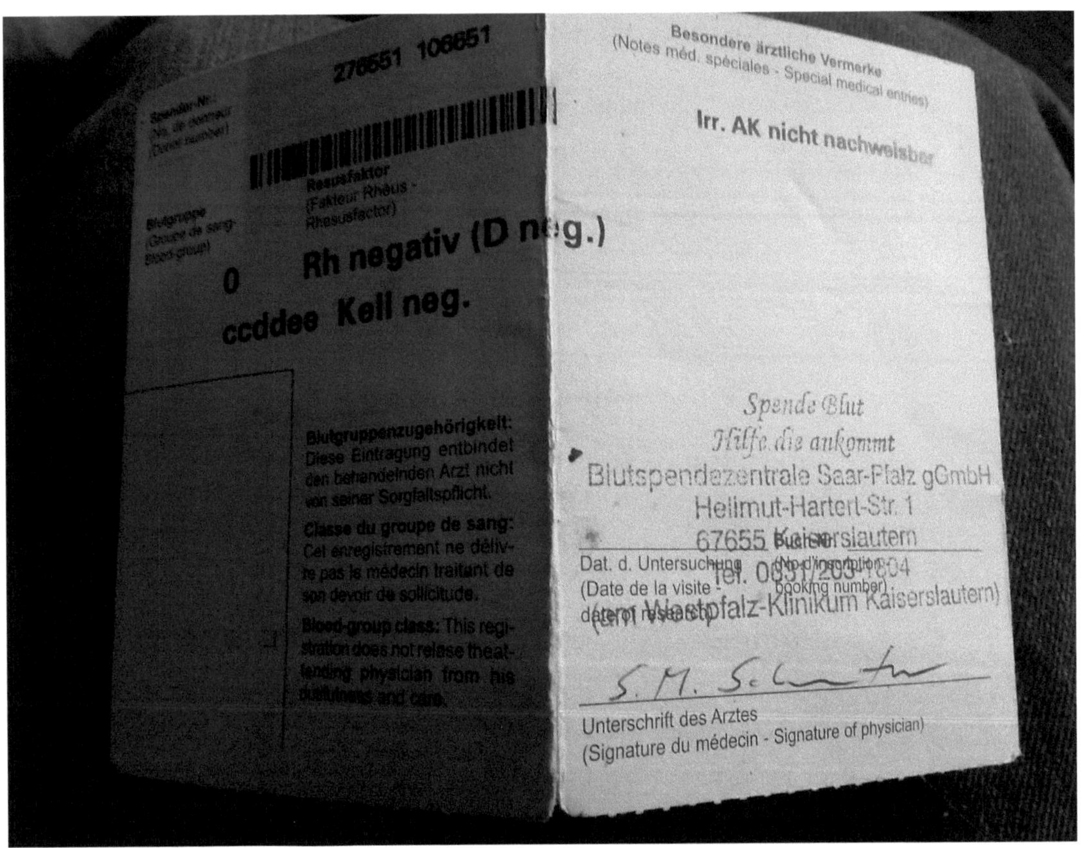

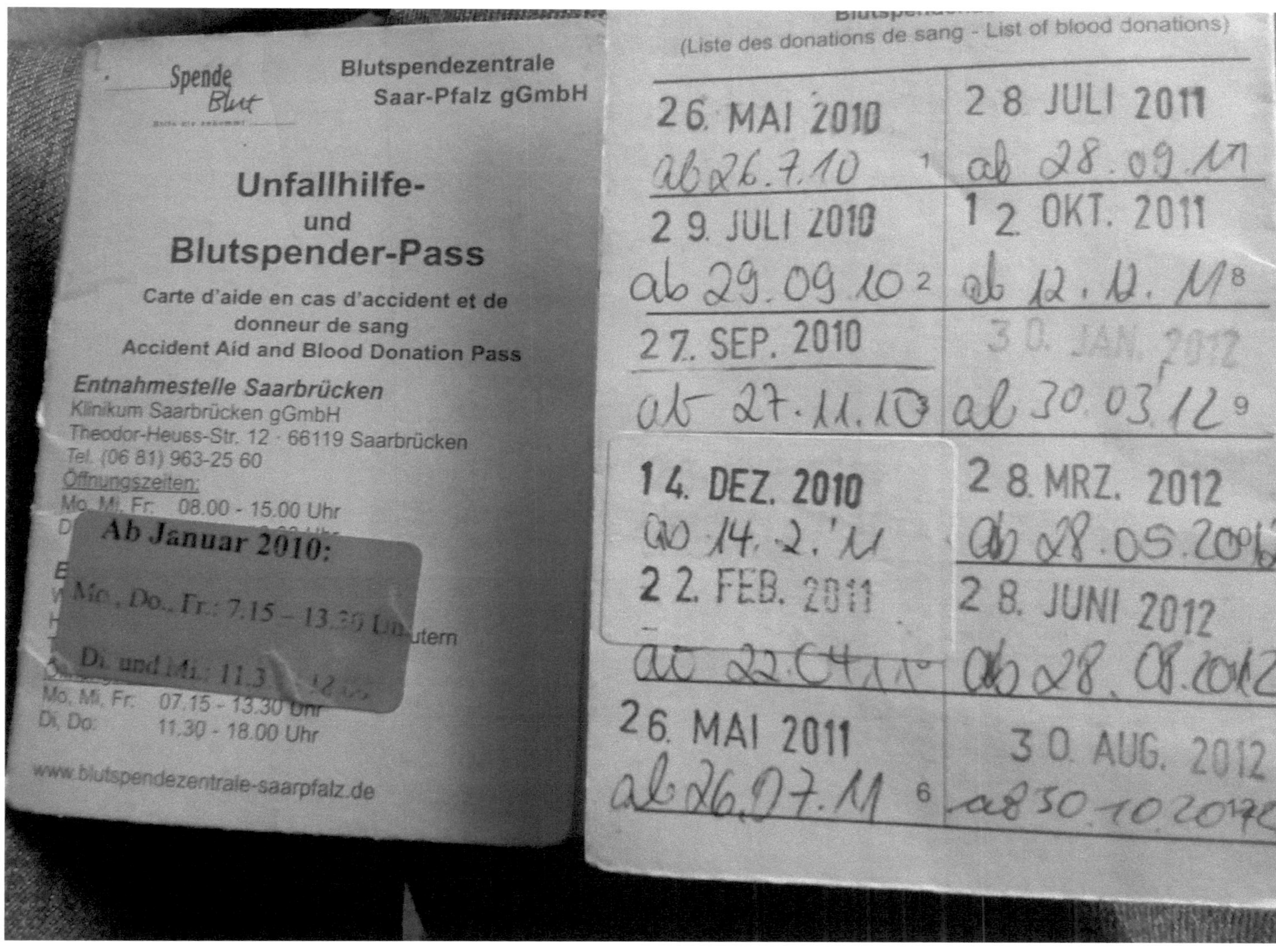

Spende
Blut
Bitte eintragen!

Blutspendezentrale
Saar-Pfalz gGmbH

Unfallhilfe-
und
Blutspender-Pass

Carte d'aide en cas d'accident et de
donneur de sang
Accident Aid and Blood Donation Pass

Entnahmestelle Saarbrücken
Klinikum Saarbrücken gGmbH
Theodor-Heuss-Str. 12 · 66119 Saarbrücken
Tel. (06 81) 963-25 60
Öffnungszeiten:
Mo, Mi, Fr: 08.00 - 15.00 Uhr

Ab Januar 2010:
Mo., Do., Fr.: 7.15 - 13.30 Uhr

Di. und Mi.: 11.3

Mo, Mi, Fr: 07.15 - 13.30 Uhr
Di, Do: 11.30 - 18.00 Uhr

www.blutspendezentrale-saarpfalz.de

Blutspende
(Liste des donations de sang - List of blood donations)

2 6. MAI 2010
ab 26.7.10   1
2 9. JULI 2010
ab 29.09.10   2
2 7. SEP. 2010
ab 27.11.10

1 4. DEZ. 2010
ab 14.2.'11
2 2. FEB. 2011
ab 22.04.11
2 6. MAI 2011
ab 26.07.11   6

2 8 JULI 2011
ab 28.09.11
1 2. OKT. 2011
ab 12.12.11   8
3 0. JAN. 2012
ab 30.03.12   9

2 8. MRZ. 2012
ab 28.05.2012
2 8. JUNI 2012
ab 28.08.2012
3 0. AUG. 2012
ab 30.10.2012

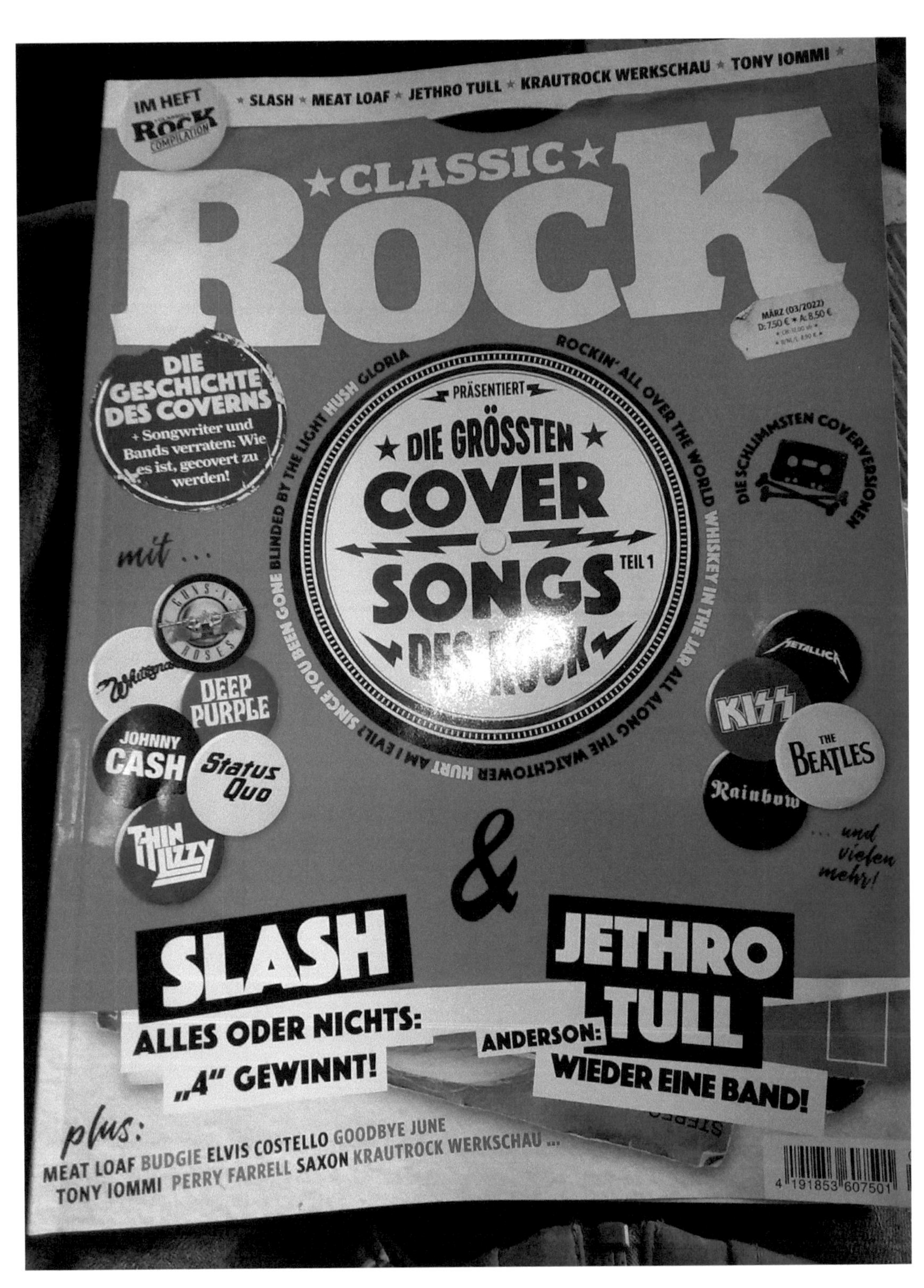

IM HEFT ★ SLASH ★ MEAT LOAF ★ JETHRO TULL ★ KRAUTROCK WERKSCHAU ★ TONY IOMMI ★
ROCK COMPILATION
★ CLASSIC ★
ROCK
MÄRZ (03/2022)
D: 7,50 € ★ A: 8,50 €
DIE GESCHICHTE DES COVERNS
+ Songwriter und Bands verraten: Wie es ist, gecovert zu werden!
mit ...
PRÄSENTIERT
DIE GRÖSSTEN COVER SONGS DES ROCK
TEIL 1
ROCKIN' ALL OVER THE WORLD
DIE SCHLIMMSTEN COVERVERSIONEN
GUNS N' ROSES
Whitesnake
DEEP PURPLE
JOHNNY CASH
Status Quo
THIN LIZZY
METALLICA
KISS
THE BEATLES
Rainbow
... und vielen mehr!
&
SLASH
ALLES ODER NICHTS: „4" GEWINNT!
JETHRO TULL
ANDERSON: WIEDER EINE BAND!
plus:
MEAT LOAF BUDGIE ELVIS COSTELLO GOODBYE JUNE
TONY IOMMI PERRY FARRELL SAXON KRAUTROCK WERKSCHAU ...
4 191853 607501

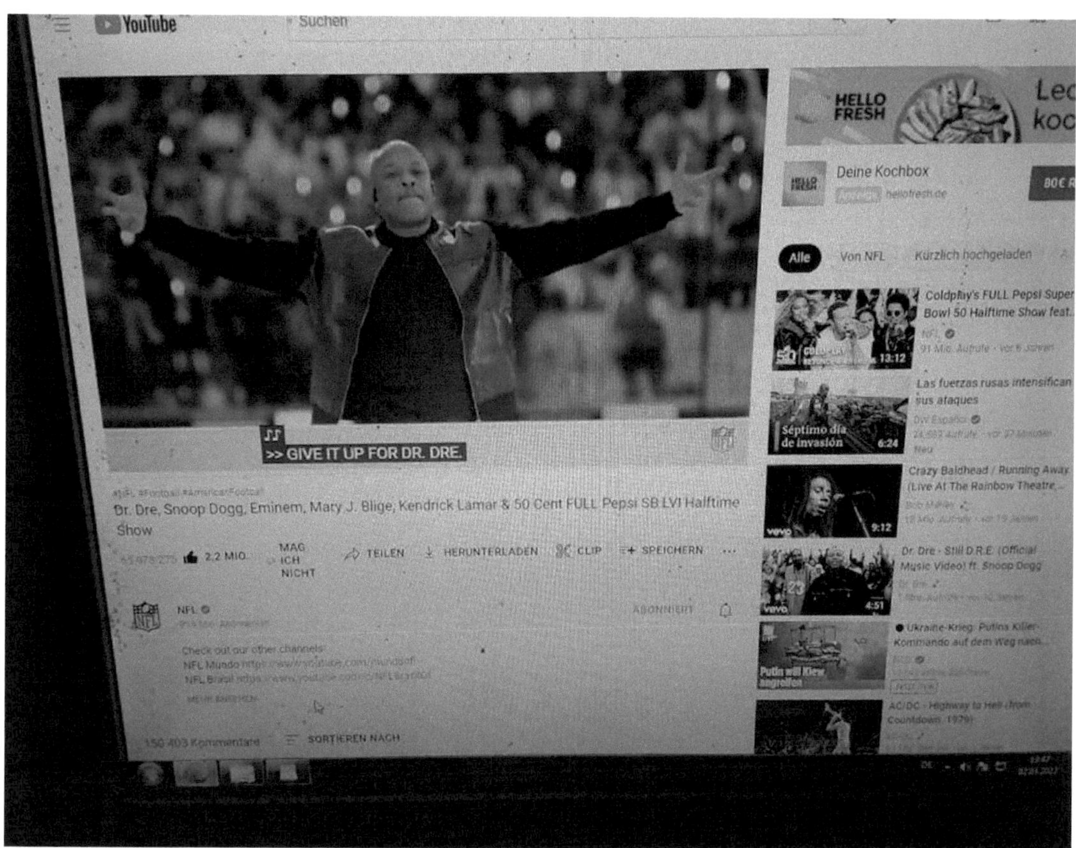
YouTube
Suchen
HELLO FRESH
Deine Kochbox
hellofresh.de
Alle   Von NFL   Kürzlich hochgeladen
>> GIVE IT UP FOR DR. DRE.
Dr. Dre, Snoop Dogg, Eminem, Mary J. Blige, Kendrick Lamar & 50 Cent FULL Pepsi SB LVI Halftime Show
2,2 MIO.   MAG ICH NICHT   TEILEN   HERUNTERLADEN   CLIP   SPEICHERN
NFL
ABONNIERT
Check out our other channels:
Coldplay's FULL Pepsi Super Bowl 50 Halftime Show feat.
Las fuerzas rusas intensifican sus ataques
Crazy Baldhead / Running Away (Live At The Rainbow Theatre,
Dr. Dre - Still D.R.E. (Official Music Video) ft. Snoop Dogg
Ukraine-Krieg: Putins Killer-Kommando auf dem Weg nach.
AC/DC - Highway to Hell (from Countdown 1979)
SORTIEREN NACH

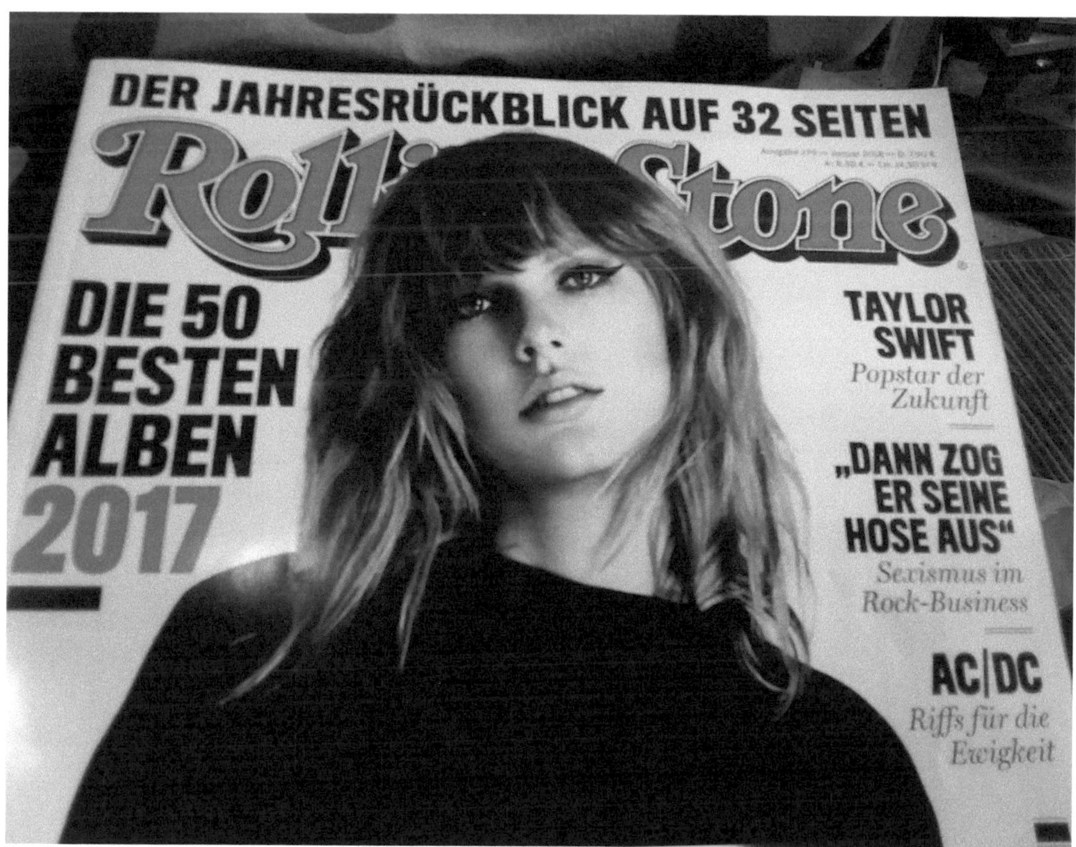
DER JAHRESRÜCKBLICK AUF 32 SEITEN
Rolling Stone
DIE 50 BESTEN ALBEN 2017
TAYLOR SWIFT
Popstar der Zukunft
„DANN ZOG ER SEINE HOSE AUS"
Sexismus im Rock-Business
AC|DC
Riffs für die Ewigkeit

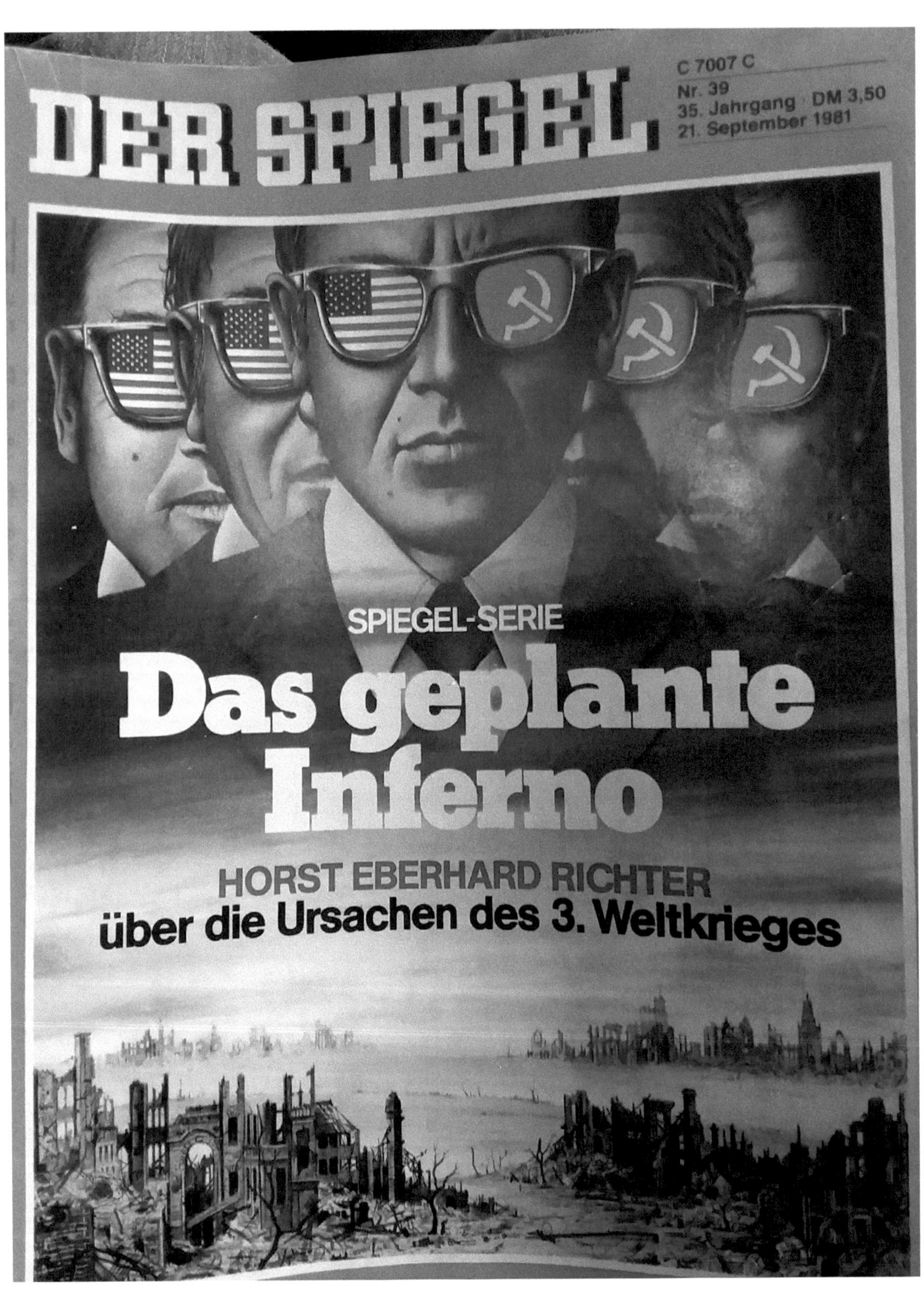

C 7007 C
DER SPIEGEL
Nr. 39
35. Jahrgang / DM 3,50
21. September 1981
SPIEGEL-SERIE
Das geplante
Inferno
HORST EBERHARD RICHTER
über die Ursachen des 3. Weltkrieges

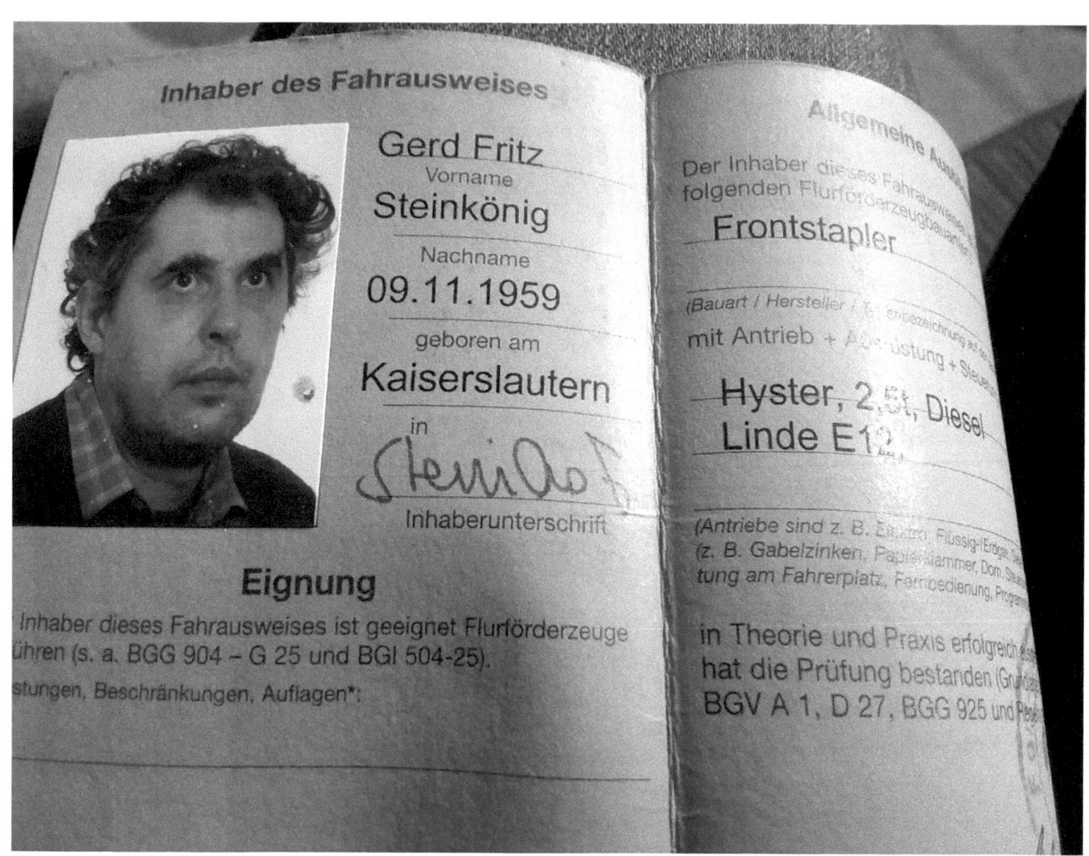

NACHWORt

Tik Tok Tik Tok... Nicht wegen Putin, sondern das chinesische Video/Fotodienst...

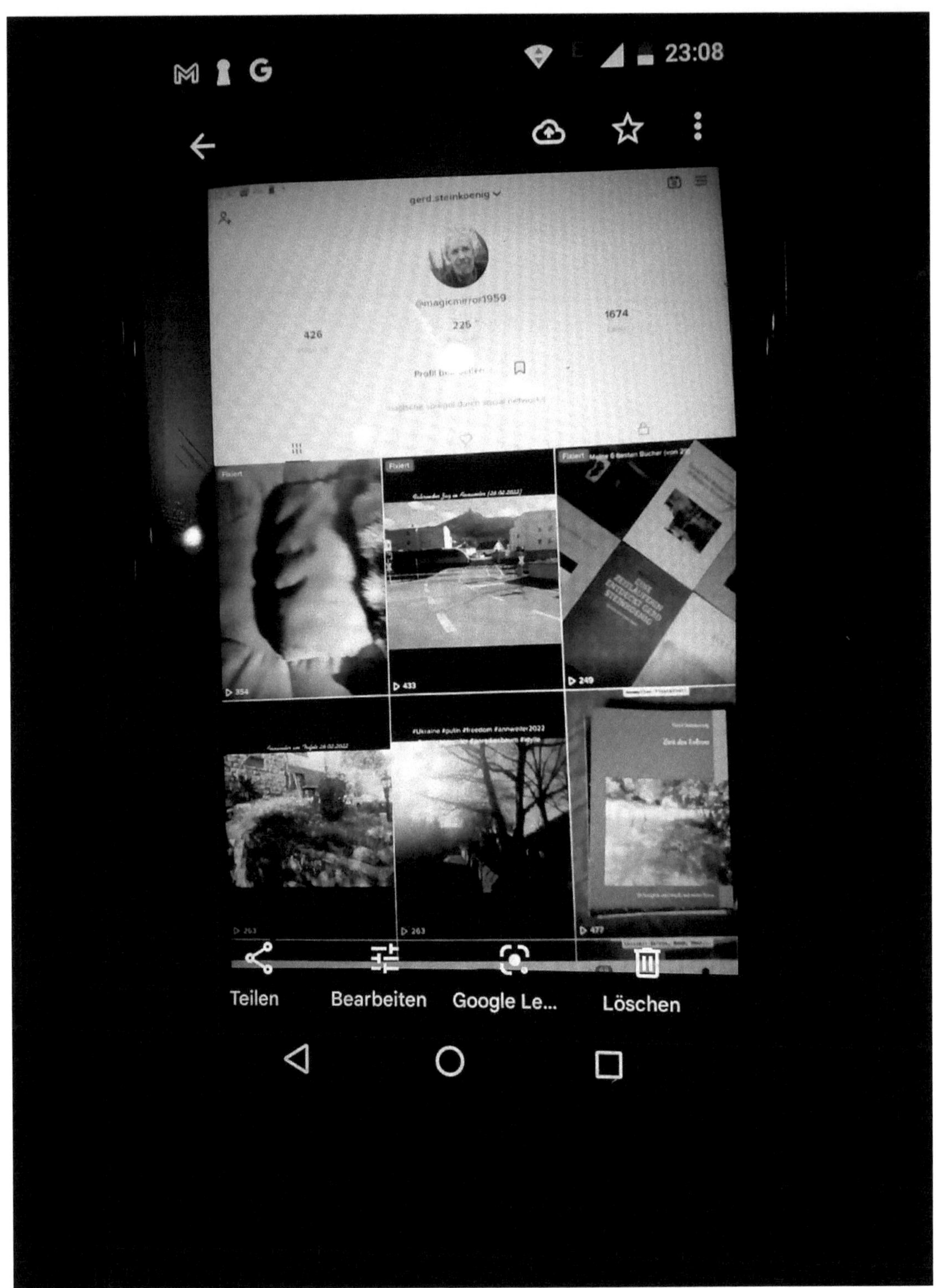

Die ersten 3 Videos sind fixiert: für Molly, die Zugfahrt, meine 6 Besten aus 29, oder: Treue und Liebe, Fotokreativität, Autor Gerd Steinkoenig (oder 3 x Pseudonym Beatrice Farber).

Es wären viele Gedanken wegen Vater, Mutter, Freunde, Frauen, Jobs, aber es bringt nichts.

Ich kann öffentlich doch nichts negativ sagen über Vater oder Mutter oder A.P. oder M.B. oder oder... Außerdem ist ja auch vieles Schönes (mit Vater und Mutter...).

Nun habe ich 30 Bücher geschrieben (DIES ist das 30. ISBN-Buch) von 2017 bis 2022! Diverse gleiche rote Fäden (Musik: immer Genesis, The Beatles, Pink Floyd / Lebensphilosophie / Zeit / Erinnerungen und Erlebnisse / Fotografien/ TV-Serien: immer Miami Vice / etc etc).

Bei meinen ersten 7 Büchern war es anders (siehe mein 29. Buch Eine Zeitläuferin entdeckt Gerd Steinkoenig von Beatrice Farber) mit mehr Wortakrobatik. Von 8 bis 30 (plus no-isbn-Büchern) war natürlich auch gut: mehr Tagebuch, weniger Musik, mehr Philosophie, mehr Fotos.

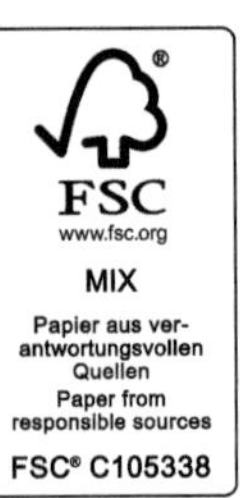